U0934529

人间好时节

古典诗词的人生顿悟

张曼娟 作品

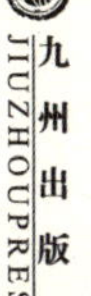

九州出版社
JIUZHOUPRESS

图书在版编目（CIP）数据

人间好时节 / 张曼娟著. -- 北京 : 九州出版社，2014.7
ISBN 978-7-5108-3097-6

Ⅰ. ①人… Ⅱ. ①张… Ⅲ. ①古典诗歌－诗词研究－中国 Ⅳ. ①I207.2

中国版本图书馆CIP数据核字（2014）第151461号

经四川一览文化传播广告有限公司代理，由作者张曼娟授权出版。

人间好时节

作　　者　张曼娟　著
出版发行　九州出版社
出 版 人　黄宪华
地　　址　北京市西城区阜外大街甲35号(100037)
发行电话　（010）68992190/3/5/6
网　　址　www.jiuzhoupress.com
电子信箱　jiuzhou@jiuzhoupress.com
印　　刷　小森印刷（北京）有限公司
开　　本　870毫米×1240毫米　32开
印　　张　7
字　　数　120千字
版　　次　2014年9月第1版
印　　次　2014年9月第1次印刷
书　　号　ISBN 978-7-5108-3097-6
定　　价　36.00元

自序

人间好时节

小时候，没有电视和电玩，连电影也难得有机会看，我的游戏，就是唐诗。

母亲不知道从哪里找到一本破破旧旧的《唐诗三百首》，教四岁半的我和一岁半的弟弟背诵。“春眠不觉晓，处处闻啼鸟，夜来风雨声，花落知多少？”是我生命里的第一首诗。

我还不识字，母亲念一句，就跟着念一句，

像堆积木似的，把一首诗完整地堆砌在小脑袋瓜里。

就是这二十个似懂非懂的字，敲开了一扇鸟语花香的诗意之门。

我的母亲是护士，一直都是职业妇女，那两三年，也是母亲很难得的一段家庭主妇生涯。我还清楚记得，背诗的时候，母亲在厨房里揉面，捏出一个个巧致的面娃娃，有豆沙馅的小兔包，芝麻馅的小鱼包，还有小鸟啦，花朵啦，各式各样的，放进蒸笼里去，就在我们背完一首五绝或七绝的时候，鼓膨膨的包子蒸好了。

能够准确背出诗来，就能获得一个兔包或是鱼包的奖赏，热腾腾的包子捧在手里，却还瞅着别样的，恨不能多背几首诗。

吃过晚饭，父母亲便牵着我和弟弟的手，出门散步。我们把白天里背熟的诗，背给父亲听，“欲穷千里目”，砰，我把一粒石子踢得远远的，“更上一层楼”，追上去踢得更远，痛快地，砰！

常常遇见不相识的路人，因为两个用着嘹亮童音，如同歌吟的孩子背诗的声音而驻足，听完之后，看见他们眼中的惊奇和赞赏，我和弟弟仿佛穿上了最华美的衣裳。

母亲再度工作之后，再没有人领着我们读诗，而我依然爱诗。学校里的老师规定学生背诗，同学们哀鸿遍野，苦不堪言。他们所以为的苦刑，对我而言，却是那样快乐的事。

少女时期，我曾在当时还没拆除的“国际学舍”举办的书展中，买下自己第一本词选——《三李词选》，选的是李白、李后主和李清照的词，规定自己，每天一定要背一阕词。这三位诗人的词选，统一是感伤的情调，这使我变得多愁善感，耽溺于眼泪与自怜。

有个同学镇日里是开心的，如同阳光下的银杏树，哗啦哗啦，一阵风过就闪着细碎的笑声。她很惊讶地注意到我的落落寡欢，于是，有一次我生日，她在卡片上抄了一首诗给我：

春有百花秋有月，夏有凉风冬有雪；
若无闲事挂心头，便是人间好时节。

这里面的忧愁呢？追悔呢？感伤呢？为什么既不怀念远去的朋友，也不追忆逝去的情事呢？为什么没有年华老去的无奈？为什么没有时不我予的慨叹？为什么这首诗读完了，竟然对生活有了好多喜悦的情绪，让我忍不住想要出门去，感觉一年四季的风花雪月，感觉活着是一种幸福？

从那时候我就意识到，诗词的世界何其广阔，绝不只是提供了多愁善感而已。

我从没有什么座右铭，遇见困扰或烦恼的时候，也不求神问卜，我习惯翻阅诗。那些诗人从不吝惜，以他们的生命故事，给我们人生启示。

一年四季，你喜欢哪个季节？

王国维是春天的拥护者：“四时可爱唯春日，一事能狂便少年。”春天的植物从冰雪中挣扎着，冒出头来，等待温暖的雨水，迅速地发芽成长，不过几个昼夜，便蔓延出整片绿意。只要我们仍有热烈投入的目标，焕发青春的狂情，便也能冲破人生霜雪，回到年少时代，无所畏惧。

从古到今，人们运用各种方法，企图留住青春，希望永远保持着春日的生机盎然。然而，最好的回春术，其实不假外求，只要我们心中的火种不熄，便能滋生出一片草原。

司马光在初夏的客邸中，见到了金黄色的花：“更无柳絮因风起，唯有葵花向日倾。”他被向日葵的坚持所感动，将这花视为夏日的力量。

柳絮与葵花的不同，就在于这里，柳絮随风飘扬，并没有固定的方向；向日葵却是不管太阳在哪里，它的脸都会转向那里，如此执著。

人生走到夏季，约莫都能寻找到自我，发现值得去奋斗的目标了。有了明确方向的人，就像是艳阳下的向日葵，可以尽情绽放。人们看见向日葵，也多能获得一种振奋的鼓舞。

陶渊明的“采菊东篱下，悠然见南山”，又是一种怎样的心情呢？这不仅是心情，也是一种境界。

秋天是收获的时刻，也是赏玩的季节，一方面收获自己的耕耘，一方面还能欣赏别人更高的成就，不张狂，不嫉妒，正是学习悠然的好时机。

“晚来天欲雪，能饮一杯无”，这是白居易邀请朋友前来饮酒的诗。下雪之前的气温，酷寒砭骨，最为难熬，然而诗人却在红泥小火炉上暖着美酒，邀请朋友前来共饮，无限的温暖与浪漫。哪怕是走到了生命的冬季，还是不能放弃享乐与朋友，不能割舍所有生之欢愉。

这些诗词带给我们的，不只是多愁善感的情意，更多时候还有心灵与智慧的启发。我们必须有一首，或是几首诗，要放进人生的行囊里，足以抗御这诡谲多变的人间。

我常想到童年时，背着诗，踢着石子，在黑夜里畅快地奔跑。

让我们一边念一首诗，一边把挫折和烦恼踢开，还给自己一个鸟语花香的好时节。

二〇〇五年元月 大寒 台北城

目录

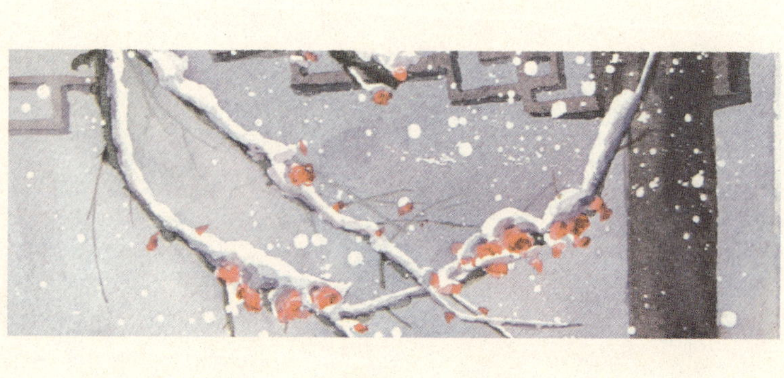

立春

时春气始至，四时之卒始，故名立春也。

不能预知的人生，是幸福的

古来虽有死，
好在不先知。

与朋友约了在101吃午饭，还没到十二点，购物中心刚刚开门，有着一种方才苏醒的气味，逛街的人寥若晨星。我们一边吃饭，一边聊着许多工作上的事、生活上的遭遇、周遭的朋友碰到的那些荒谬或不可思议。

我们惊奇着、喜悦着，也不胜嘘唏。吃完饭，已经一点多了，大家各自散去，有的人要回公司上班，有的人要去开会，目标都很明确。

我们穿过中庭的咖啡广场，不知道什么时候，从哪里来的这么多人潮，把广场的每一张桌子都占满了。大家喝着咖啡，吃着蛋糕或是三明治，穿着都很合宜，举止也很优雅，谈话的表情也很专注。

晴朗的阳光从天窗投射进来，每个人都笼罩在明亮之中，仿佛也染上一层幸福的光晕。当我们越过这些人的时候，身边的朋友忽然说："他们都知道自己的人生是怎样的吗？他们知道接下来会发生什么事吗？"

我有点被震动了。他们应该是不会知道的，就像我们也是不知道的。这个中午，只是个寻常的中午，微微窒闷的低气压，连到底会不会下雨，都没有人知道。我们不知道的事，永远比知道的多得多。

在“9·21”大地震来临之前，这岛屿上的人们可能因为太炎热的暑气，难以入眠而抱怨；当“9·11”的飞机撞上双子星的时候，建筑物中的秘书小姐可能正为买错了咖啡而懊恼呢；当南亚大海啸席卷而至，远从欧洲来的一对恋人正在沙滩上亲吻。谁会知道呢？谁知道下一秒钟会发生什么事?

没有什么比生与死更重大的事了吧，然而，在那个时刻来临之前，我们竟是如此蒙昧无知。不管是多么有权势的人，多么有智慧的人，多么富有的人，都是一样的。

在咖啡广场中，那个看起来生活乏味的孤寂怨妇，可能是下个礼拜的大乐透得主；那个拉松了领带的上班族，结婚七年都没孩子，可能两个小时之后，老婆就会打电话告诉他，他将要做爸爸了，谁能预知呢?

就是因为此时此刻，没有人能预知，所有的命运安排，那些忧疑或狂喜，那些获得与失去，于是，此时此刻，我们才能好好地坐在这里，安静平和地，吃一顿午餐，或是喝一杯咖啡。

晴朗的阳光从天窗投射进来，
每个人都笼罩在明亮之中，
仿佛也染上一层幸福的光晕。

没有人能预知，
所有的命运安排，
那些忧疑或狂喜，
那些获得与失去……

清代诗人袁枚是个非常懂得享受生命的才子，他在七十岁高龄还亲手种下一棵小树苗，兴味盎然地等待着小树长成大树。这样的举动当然引来旁人的讪笑，但他却有自己的乐观态度，“古来虽有死，好在不先知。”

人的生命都有终结的时候，那些劫难或不幸始终等待着，潜伏着，好在我们都不具有预知的能力。因此，我们才可以安心地吃饭、睡觉、恋爱、工作，日复一日地微笑着或感伤着，迎向每一个黎明。

不仅是不能预知死亡，我们甚至不能预知即将发生的那些幸运或不幸的事。有些人因此而焦虑，到处求神问卜，算姓名笔划，算生辰八字、紫微斗数、星座血型，每到一年的开始，便会有人到处算流年，想知道这一年会发生什么事。

而我总是意态阑珊的，如果确实有好事，算不算都会发生，不预知才能有惊喜；如果是不幸的事，挂在心上终日惴惴不安，怀忧丧志，又有什么好处呢？我发现，不能预知，正是上天赐予我们的防护网。

在我开完一个会议之后，坐进车子里，倾盆大雨哗啦啦落下来。过街的人有的撑起伞，有的没有伞可撑。是的，就是这个不可预知的人生，让我感到幸福。

| **诗人好望角** |

栽树自嘲

清·袁枚

七十犹栽树，旁人莫笑痴。

古来虽有死，好在不先知。

已经到了“人生七十古来稀”的年龄，对于未来似乎应该不再计划，不再期待了。然而，不顾别人的议论与嘲笑，还是欣欣然地种下一棵树，并等待着它的成长。从古到今所有人都逃不过死亡的命运，幸运的是，我们并无法预知死亡的到来，所以，活着的时候才能怡然自得。

清代性灵派诗人袁枚（1716~1797），才华出众，少年时便考上秀才，在科举道途中还算顺遂，担任过县令。他率真幽默，不喜束缚，曾作过一副对联，就像是他的自画像：“不做公卿，非无福命皆缘懒；难成仙佛，吾爱文章又恋花。”

充满自信，而又坚持自我的袁枚，在三十三岁便辞官返家，卜居南京小仓山，修筑了美轮美奂的随园，在其中饮酒交友作诗，度过了五十多年的享乐生活。他年老时收了几个年轻的女学生，很受卫道人士抨击，却全然不以为意，反觉得是人生的一桩盛事。

他也是个酷爱美食的人，曾著有《随园食谱》，收罗了十四到十八世纪三百二十六种菜肴饭点，很少有文学大家费心于食谱的撰写和保存，由此也可见出，袁枚确实热爱生活中一切的雅俗之事。

袁枚爱书，却曾有过“散书”的举动，正好展现了他特殊的价值观。他小时候因为家贫无力购书，只好把自己喜欢的文章抄下来，中年之后，他的生活优裕，便能搜购许多喜爱的书籍，并建起一座“所好轩”藏书楼，享受坐拥书城的乐趣。

藏书人爱书如命，是不可能轻易割爱的，袁枚却在中年以后将一些珍贵的善本书捐献朝廷，并将大部分的藏书致赠亲朋好友。他的想法是，与其去世之后子孙不知珍惜，糟蹋了这些典籍，还不如在他可以做主的时候，为这些心爱的书找到好主人。

七十之后种树，与七十之前散书，其实是一体两面的事，积极乐观面对生活，而又能洒脱不拘滞，便是袁枚为我们带来的人生启示。

雨水

时东风解冻，雪皆散而为水，化而为雨，故名雨水。

历经磨难，而能不改初衷

零落成泥碾作尘，
只有香如故。

小时候我最喜欢去中药店，有时跟着大人去，有时自己偷偷溜了去。

中药店里的气味，为人把脉的神秘老中医，柜台后方整面墙的药柜，一方方标志着奇异的名字：当归、独活、桑寄生、防风、女贞子、半夏、白芷、木蝴蝶、使君子……

那些名字都能读得出来，却像一则则待解的谜语，究竟是些什么东西？能够医哪些病呢？

我也喜欢把下巴搁在柜台上，看着配药的过程，一张张褐色的纸摊展开来，一味味药材从黑暗的柜子里取出来，放在纸上集合，有些还需要用杵子捣碎了，叵叵叵，捣药的声音规律地响着，最后，变成一包包扎好的药包，带回家去。

那时候每个家里都有个小瓦罐，专门煎药用的，罐子长期浸在药汁中，仿佛经岁月打磨，发着深褐色的幽光。“三碗水煎成一碗，小火，慢慢煎。”中医总是这样叮咛，有点像一则人生的譬喻。

可是，当人们的时间愈来愈少，谁也没办法慢慢煎了。就在我的青年时代，科学中药出现了，不管是哪种药材，全部碾成粉，一大包药材变成了一小包药粉，仰起头，喝口水，咕噜一声，下肚了。简单利落，符合现代人需求。

也是在那段时间，父亲的胃病痼疾与母亲的更年期症候群，干扰了我们的家庭生活。几番打探之下，找到一位老中医，看诊的时间不多，但是，看过的人都赞不绝口。父亲母亲一起去看病，吃了几个月的药，确实有很明显的进步。不久之后，双方变成了朋友，父母亲把老中医当成长辈，而我则唤他姜爷爷。

姜爷爷是北方人，原本是医药世家，从小就有承继衣钵的准备，他跟着爷爷和父亲行医，还要到叔叔的药材店里见习，是在药香里熏陶长大的孩子。长大之后，他成了亲，也做了父亲，然而，抗战发生了，他觉得既然学了医，就该为更多人服务，于是，离家入伍。

这一离家，谁知道便再也回不去了，他被俘虏过，也曾经逃亡，只有一件事绝不能丢，那就是，医人救命。为了救人，哪怕是躲在山中的日子，也满山遍野寻找草药，他觉得自己三番两次在战火中幸存，是有使命的，无论如何，不能丢了最初的本心。

来到台湾之后，他的生活并没有太大起色，住在一间陈旧的小公寓。我和父母去探访他，总要爬一段窄窄的、阴暗的阶梯。他和妻

虽然看起来没有辉煌的成功，
却是令人景仰的典型，
鼓舞着对自我怀疑的人们，
让我们确定，
自己是值得相信的。

红酥手，黄縢酒，满城春色宫墙柳。
东风恶，欢情薄。一怀愁绪，几年离索。错，错，错！
春如旧，人空瘦，泪痕红浥鲛绡透。
桃花落，闲池阁。山盟虽在，锦书难托。莫，莫，莫！

子住在一起，妻子的反应比较鲁钝，据说是被家人弃养的，姜爷爷收留了她，还教她一些简单的医术，希望她能有一技之长。

行医赚来的钱，多数都寄回老家去了，那里还有他的老妻和两个女儿，听说她们在文革中，因为他很吃了些苦，姜爷爷提到他的两个女儿，便要哽咽。

在那些对坐闲聊的午后或夜晚，我最记得姜爷爷说过的话："天公公是很公平的，他为了照顾穷人的健康，给了我们最好的药，那就是姜。便宜的姜，穷人都吃得起。"每当我看见姜，就会想到姜爷爷，他的一生正像一块姜，照顾了许多平凡人与穷苦的人。

想到姜爷爷，便想到陆游咏梅花的词，有这样两句："零落成泥碾作尘，只有香如故。"正是老医师的写照。梅花凋谢了，落进泥土中，被车轮马蹄践踏成尘成灰，连形体也消失了，空气中却仍能嗅到梅花特有的清香味。

就像一个人在现实中被摧折、被消磨，却仍坚持着某些不可改变的初衷，从未妥协让步。虽然看起来没有辉煌的成功，却是令人景仰的典型，鼓舞着对自我怀疑的人们，让我们确定，自己是值得相信的。

|诗人好望角|

卜算子

宋·陆游

驿外断桥边，寂寞开无主。
已是黄昏独自愁，更著风和雨。
无意苦争春，一任群芳妒。
零落成泥碾作尘，只有香如故。

在远离繁华城市的偏僻车站外，有一道人烟稀少的失修断桥，桥边一株野梅开满了寂寞的花朵。黄昏时分的梅树看起来如此孤独，充满忧愁，它不仅要面对即将到来的黑夜，还要兼受着风吹雨淋。

其他的花卉都在费尽心思地争奇斗艳，展现娇姿，这株野梅却只是安静地绽放着，全然不打算争夺一点春日的光彩荣耀。当它的花朵落在土地上，被来往的车辆碾过，化为尘泥，形体已经消失了，空气中那股芳香的气味，却仍长长久久地留存着。

南宋爱国诗人陆游（1125～1210），所处的时代正是宋朝南迁，积弱不振，屡屡遭到金人威胁进犯的年代。出生次年，金兵便攻陷了北宋首都汴京，襁褓中的他随着家人颠沛流离。他的父亲陆宰是个具有爱国思想的知识分子，家庭的教育，使陆游从小就有了忧国忧民的情怀，并且立定了杀敌报国的志向。

他自幼好学不倦，年仅十二岁便能吟诗作文，他还学剑，钻研兵书。二十八岁他到京中应考，原本是金榜题名的，却因为他主战的思想强烈，被主和派的当权者秦桧所忌恨，竟将他除名落第。从此，他的仕途始终饱受主和派的攻击与排挤，只是，在恶劣的环境中，他也从未妥协，从未放弃。

至于诗人的情感生活，也有着众所周知的韵事，那就是十九岁时迎娶表妹唐琬，两人浓情蜜意，却被母亲强行拆散。分别后再行嫁娶，却总是无法忘情。《钗头凤》、《沈园》这些哀婉动人的诗词，便是因着这段不能圆满的感情而作的，年轻时的情感创伤，终身无法忘怀。

这阕词咏的是野梅，却有着不合时宜的慨叹与坚持，不愿与其他的喧哗花卉争艳，只是在偏僻的桥边安静地开放零落，保持住一株寒梅的风骨与幽香，岂不也是诗人一生的写照？

雷鸣动，惊蛰皆震起而出，故名惊蛰。

善待陌生人，便是善待自己

四海皆兄弟，
谁为行路人。

如果我们死去，将会遇见五个人，会是哪五个人呢？想象中应该是和我们的关系最密切的人，一生中花了最多时间相处或纠缠的人。

然而，Mitch Albom的著作《在天堂遇见的五个人》中，主角死后遇见的第一个人（其实是第一个灵魂），是全然没有印象的陌生人，虽然是陌生人，却对于彼此的生命有着如此巨大的影响，只是当事人竟然全无所知。

因此，作者得出全书的第一个结论："陌生人，是你迟早会认识的家人。"

很多时候，我们会认为把善意和情感用在陌生人身上是一种浪费，这些人与我们有什么关系呢？甚至可能是永远不会重逢的，我们对他们好，又能得到什么好处呢？只有在毁灭性的灾难来临时，我们才会忘记那些受苦的同胞是陌生人，我们才会有结结实实感同身受的恐惧与痛苦。

据说恐惧是最有感染力的一种感受，恐惧激发了我们的同情，只是，当那些时刻来临，虽然我们可以同情，可以施以援手，却已经不能为他们做什么了。

在旅途中，特别能够感受到陌生人的善意是如此重要。有一年秋天，去轻井泽自助旅行，骑着脚踏车四处晃荡，天黑之后，在森林里迷路，回不了民宿，又冷又害怕。星星悬在夜空里，一颗颗又亮又大，却无法指引我们的归途。

在我们乱闯乱撞半个多小时之后，终于遇见一位好心的家庭主妇，她开了庭院的灯，努力为我们指引方向，可惜我们还是不能明白。发现沟通无效之后，她叫我们等一等，索性到车库开出了宾士车，为我们引路。

漆黑的路途中，空无一人，我们跟随着车灯的红光，终于安全回到民宿。日本太太细心地待在车子里，确定我们可以进门之后，才开车离去。这样的守护，不正像是一个母亲对待自己的孩子吗？而我们确实是素昧平生的啊。

当我骑着车跟着轿车的灯光，听着冷风在耳边呼啸，忽然想起几年前，在士林捷运站前，遇见向我们问路的一家三口日本游客，他们问故宫博物院要从哪里走。我们为他们指出了方向，看着他们往前方去了。

上了车之后，我问朋友："他们要走多久啊？这么热的天，起码四十几分钟吧？说不定还会迷路……"话还没说完，朋友已经扭转

若是能够把普天之下的人都看作自己的手足兄弟，
还会有不相干的陌生人吗？
没有陌生人的世界，
将是多么温暖与和谐的美好境界。

了方向盘去追他们了。这一耽误，我们看电影必然赶不上了，可是，稍稍耽误一下，又有什么关系呢？

我们把车停在他们身边，请他们上车，表示要送他们去博物院。他们深深鞠躬的样子，一直留在我的记忆中。后来，我们用同样的姿势，在轻井泽的夜晚，向领路的日本太太致谢。

古老的汉朝有这样两句诗，这其实也是我们一向熟悉的两句话："四海皆兄弟，谁为行路人。"若是能够把普天之下的人都看作自己的手足兄弟，还会有不相干的陌生人吗？没有陌生人的世界，将是多么温暖与和谐的美好境界。

人生其实是一种更长途的旅行，我们从这里去到那里，从年少去到年老，从获得变为失去，是一个不断驿动，不断更改的历程。善待陌生人，虽然不会立即得到回报，然而，这种善的轮回已经成形，终有一天，我们会在其中被保护，被带领。又或者，在陌生人彼此扶持，互相帮助的地方，才是天堂。

别 诗

汉 · 佚名

骨肉缘枝叶，结交亦相因。
四海皆兄弟，谁为行路人。
况我连枝树，与子同一身。
昔为鸳与鸯，今为参与辰。
昔者长相近，邈若胡与秦。
惟念当乖离，恩情日以新。
鹿鸣思野草，可以喻嘉宾。
我有一樽酒，欲以赠远人。
愿子留斟酌，叙此平生亲。

兄弟骨肉天生相亲，就像是叶子是从树枝中生出来的一样；真心结交的朋友，也像是亲生兄弟一样的亲爱。《论语》里有这样的话：“四海之内，皆为兄弟。”因此，茫茫人海中我们与每个人都是亲人，也就没有所谓的陌生人了。何况我与你的感情，本来就如同相连而生的树枝，是密不可分的。

过去的我们，就像是鸳鸟和鸯鸟一样，同进同出；如今的我们，却像是西方的参星和东方的辰星，出没都无法相见。曾经我们总是常常亲近，现在却要远远相隔，如同西域与中国一般遥不可及。想到即将到来的别离，情谊更加不同，比往昔更深。

《诗经》的《鹿鸣》篇说鹿在原野中看见芳美的野草，便会呼唤同类前来共享，这正像是与嘉宾分享的心情。我有一樽酒，想要送给即将远行出发的朋友，希望多停留一会儿，让我们好好畅叙这一份亲爱的情感。

这首汉代的诗，并未标明创作者，却有传说这是苏武写给李陵的离别诗。苏武牧羊与李陵败降的故事，是历史上著名的传奇。

苏武与李陵原为旧识，又同在武帝朝中为官，苏武曾出使匈奴，却因为属下意图绑架单于之母，事迹败露而遭牵连。苏武引咎自杀未遂，单于对他的气节却很欣赏，想办法劝降。

苏武曾被幽禁于大窖中，不给饮食，他只得以冰雪和毡毛充饥，仍不屈服。单于又将他远徙到北海牧羊，北海是现在的西伯利亚贝加尔湖（Lake Baikal），历尽折磨艰苦。直到十九年后，汉昭帝与匈奴和亲，要求释放汉使，苏武等人才有机会重回家乡。

李陵是名将李广的孙子，天生的将才，礼贤下士，深受士卒爱戴。他曾以三千兵卒鏖战匈奴三万大军，弹尽援绝的状况下，只要他振臂一呼，满面被血的兵士，也爬起来奋勇应战，可惜，终因寡不敌众而遭俘虏。

汉武帝听说李陵兵败被俘，可能会投降，便杀死了他的母亲、弟弟和妻子。单于为了劝降，将自己的女儿许配李陵。亲人遭戮的消息传来，有家归不得，痛心而无奈的李陵，只得投降了。

苏武的不降与李陵的败降，各有不同立场，却成为两种典型。

单于劝降苏武时，据说曾经请李陵当说客，老友相逢，百味杂陈，然而，既然已经做了选择，便是截然不同的两种人生。

当苏武终于可以返回汉家，李陵置酒道贺也是饯别，离情愁绪，难以排遣，这一分别，势必永难重逢了。有传说他们道别之际，赋得别离诗数首，皆情真意切，令人动容。

然而，后代学者考证历历，指出这些诗并不是这两位传奇人物的作品，而是一些无名诗人的杰作，不管作者是谁，都展现出汉代五言古诗朴实恳切的艺术光芒。

春分

日行周天，南北两半球昼夜均分，又当春之半。

选择怎样的环境，便决定了怎样的心境

依贤义不恐，
近暴自当穷。

在我的第一本小说集《海水正蓝》发行二十周年时，我参加了一场座谈会，谈创作历程，也谈对生活的想法与价值观。这二十年来，我从一个校园里喜爱创作的女学生，变成一个被许多读者熟识的作家，也从当年的迷茫惶恐，蜕变为知道自己的追求与理念的人。

有一个关注我好多年的读者，提出一个问题，她说我前些年曾经演过舞台剧，主持过电视节目，还拍过广告，为什么现在很少看见我在媒体上的活动呢？

这使我回想到刚刚因为创作而成名的自己，起

先因为忽然受到注意，感到惶然不安，战战兢兢，过了一段时间，我发现这些并不会改变我的生活。我依然可以做着自己喜欢的教学工作，在很多时候，人们阅读着我的书，却不认识我，我可以在书店里，靠近正在读我的书的人，假装不经意地站在他们身边，和他们一起阅读一段自己的文字，再慢慢地走开。

过了几年，我发现自己有些蠢蠢欲动，很想尝试一些新鲜有趣的事，像是广播、电视、舞台剧和广告，等等。那时候的传播媒体有各种类型的艺人，恰巧比较缺乏创作者和文学性格的面孔，我的旺盛好奇心和专注的投入，使我在短短两年之内，尝试了各种传媒的可能性。

如果一个创作者应该要多方体验，那确实是很好的体验；如果一个创作者，要有更多曝光的机会，那确实是有很多的机会，可是，我很快地就面临到面对自己的课题。

在这个纯粹提供娱乐与消费的环境中，我做的事是重要的吗？能够带给人们的又是什么呢？当我走在路上被人指指点点，当成一个名人来看，不管他们是否品头论足，善意或恶意，都让我不自在。于是，我明白了自己并不是一个喜欢聚集众人眼光与注意力的人。

我发现一个比较单纯安静的环境，才是我真正渴望的拥有。一点孤独，很多安静，对于创作是绝对有益的，对我的人生更加有益。于是我选择了校园这个看起来相对单纯的环境，在这里思考、阅读，与年轻的学生分享专业知识与对人生的理解，岁月无声流逝，我感觉到内在的丰盈与踏实。

魏晋时代的诗人傅玄，曾提出过“近朱者赤，近墨者黑”的观点，认为我们居处的环境，对于我们的行为与想法，有着决定性的影响。他也有“依贤义不恐，近暴自当穷”两句诗，靠近贤明的人，就不会常常觉得惶恐无依，而接近暴戾的环境，自然会感到困窘，遭到灾殃。因此，傅玄主张人应该依贤远暴。

暴戾的环境，不只是言语和行动的暴躁不安，有时候暴起暴落，竞争激烈的场所，也会带给我们很大的压力与身心负担。当我们年轻的时候，充满冲劲，勇于挑战，便想要挑选竞争激烈、淘汰率高、所得也高的环境来打拼，总觉得在那样的高压之下，人的潜力才能发挥得淋漓尽致。

然而，在科技文明高度发展，商业机制极度扩充的情况下，人的价值被机械所取代，人的贡献渐渐微不足道，许多文明病因此产生，我们都被无形的压力钳住，不能呼吸，失去自我。我们也变得短视近利，不再用真心与旁人相交，我们随时处于警戒状态，担心背叛，无法放松，不能休息。因此，急流勇退是很重要的智慧，能够选择真正适合自己的环境，自然能拥有平和愉悦的心境。

| 诗人好望角 |

杂诗（三首之三）

晋·傅玄

鹊巢丘城侧，雀乳空井中。

居不附龙凤，常畏蛇与虫。

依贤义不恐，近暴自当穷。

喜鹊将窠巢筑在城墙侧边，麻雀则将乳鸟饲养在枯旱的井中。它们在选择住所的时候，并没有依附着龙与凤这类高贵的动物，因此常常得担心受到蛇或毒虫的侵袭伤害。这些小动物带给我们的启示便是：依附贤明的人，能让我们感觉踏实安稳，不用恐惧忧惶；接近残暴的人，却会令我们遭遇困厄的窘境。

傅玄（约217～278），是晋初名臣，虽然出身较寒微，在政治上却有许多开明思想，也针对时弊多所谏议，历史上对他的记载是“性刚劲亮直”，“使台阁生风，贵戚敛手”。

这位正人君子也是辞赋的重要作家，一生共作赋五十六篇，现今仍留存四十二篇，这不仅在西晋，甚至在整个辞赋史上都是非常罕见的。

傅玄的辞赋不但数量众多，而且题材也相当多样化。

汉代辞赋多限于宫廷苑囿、玄思怨情、征戍行旅等，比较狭窄的领域，从张衡、蔡邕、王粲、曹植等人开始，题材乃渐扩大范围，并且愈来愈世俗化。而傅玄的辞赋创作，更把这种世俗化的趋势推向

急流勇退是很重要的智慧，
能够选择真正适合自己的环境，
自然能拥有平和愉悦的心境。

极致，题材囊括了节候、动物、植物、乐器、珍宝、情志、行役战争、都市朝会等，涉及到日常生活与事物的各方面。

这与傅玄特别注重环境对于人心的安定与性格的养成，有着密切关系。他曾在《太子少傅箴》中提出“故近朱者赤，近墨者黑；声和则响清，形正则影直”的观念。这首诗则是用日常生活中容易看见的鸟雀作为例子，在清浅的比喻中，再度阐述了环境对于人品质的影响。

孟母三迁的故事，就是落实在生活中的最佳例证。孟母不厌其烦地一再搬迁，最后终于安顿在一所书院旁，看着小孟轲天天跟着学堂里的孩子学念书，而不再是学人出殡或是学人屠宰。孟母虽然不能教孟子读书，却为儿子做出了正确的选择。

一个人倘若在环境的选择中很谨慎，便也会谨慎地选择交友，选择人生目标与生活方式，不随波逐流，自然就能化险为夷，趋吉避凶。这是一种人生的智慧，也是千古不变的道理。

时万物洁显而清明，

时当气清景明。

不必与人争竞，自己才是对手

贤的是他，
愚的是我，
争什么？

桂姐是我很喜欢的一个女人，她有爽飒的一面，也有妩媚的一面，我注意到当她开口说话，其他的女人都安静下来聆听，而她确实也能说出一些新颖而精辟的见解。

她已经快五十岁了，皮肤依然紧绷细致，发色染成柔和的淡咖啡色，喜欢穿浅色的衣裳，举止也很轻盈，特别爱笑，笑起来如同阳光温煦。

我听说她从年轻时便经历过一些艰困，听说她先生做生意失败，负债累累，她还做过几年早餐店，相当操劳。直到先生帮别人做事，渐渐把债还清了，才能松一口气。然而，对于生活种种，她永远没有抱怨，只是心满意足地感谢。

那一天，她问我要去哪里，说她可以顺道载我一程。我猜想她有事想对我说，便上了她的车。我们闲聊了几句，她忽然问我："在这个世界上，如果我们设定了一个人为对手，就会一辈子把他当对手吗？"

我说我不太明白，因为我没设定过任何人为对手，我是个懒惰的人，无意与人争竞，所以，没想过对手这种事。她忽然笑起来："你没设定对手，可是，也许有人把你设定为对手啊。"

桂姐说她从少女时代就遇见一个朋友，是个聪明美丽的女孩，她们的出身与背景都类似，站在一起别人都称赞“好一对姐妹花”。

那时候成衣不多，桂姐常自己设计了洋装或裙子，请裁缝店做，过不了几天，朋友也穿上款式近似的衣服。桂姐认为这是她们交情好的表现，从没放在心上。桂姐一直当她是最好的朋友，并以为她们一生都会是最好的朋友。

后来，学校选拔多才多艺模范生，比赛项目有演讲、弹钢琴、美姿美仪等等，桂姐脱颖而出，获得殊荣。

同学们都来恭喜她，那个好朋友却直问到她脸上：“为什么会是你？为什么你是模范生？”桂姐怔住了，不能回答，她知道朋友真正的意思：“我才该是模范生，我哪里比不上你？”

从那次之后她们竟形同陌路了。桂姐觉得很可惜，好多次向朋友示好，但，对方总是冷若冰霜，仿佛是桂姐做了对不起她的事。

毕业以后，她们各自经历人生，好友嫁了很不错的先生，是个小开，前些年完全接掌家族企业。她宴请昔日同窗，只略过了桂姐，

既然不能欣赏他人，
把他人的优点都看作是自己的损失，
还会有快乐吗？

我们可以要求自己进步，
要求自己成长，
不是与他人比较，
而是与自己争竞，
只要与昨日的自我不同，
便值得庆幸，应该奖赏。

然而席间却不断打听桂姐的状况，问她嫁了什么人？生了几个小孩？住在怎样的房子里？夫妻感情好吗？模样是不是变了很多？

大家起哄：既然这么想念，为什么不办个同学会，见个面好好聊聊？好友也表示可以办个同学会啊。有个同学正好带着大家合拍的近照，便拿出来给好友看。好友一见到照片里的桂姐，脸色大变："她怎么会这么瘦？"接着，她马上说不想见面了，这么多年没见，没话好说了。

桂姐说她的清瘦是因为胃病动了手术，不料这也能引发好友的争竞之心。对她来说，现在最可贵的事，就是能挽着先生的手，黄昏时分在河堤上散散步。多才多艺又如何？模范生又如何？

我想到元代名剧作家关汉卿的句子："贤的是他，愚的是我，争什么？"这是一种通达的人生观，每个人的贤与愚是无从比较的，也不需要比较的。

既然是不同的人，便在不同的起跑点上，在不同的平台上，要如何做出公平的比较？每个人自有长短，自有优缺点，遗憾的是，我们从小就被要求和那些最杰出的人比较："某某可以做得到，为什么你不可以？"

于是，我们不知不觉以某某为目标，就像是套了一个牢笼在自己头上，我们无法以赞赏的眼光，看待别人的表现与拥有，我们只是不断地，忿忿然地想着："为什么不是我？"既然不能欣赏他人，把他人的优点都看作是自己的损失，还会有快乐吗？

"某某可以做得到，为什么你不可以？"下次有人这么质疑，我们应该回答："因为我不是某某，我就是我。"我真的觉得把别人当成对手是很愚蠢的事，我们真正的、永恒的对手，其实是自己。我们可以要求自己进步，要求自己成长，不是与他人比较，而是与自己争竞，只要与昨日的自我不同，便值得庆幸，应该奖赏。

| **诗人好望角** |

四块玉

元·关汉卿

南亩耕，东山卧，世态人情经历多。

闲将往事思量过，

贤的是他，愚的是我，争什么？

在南边的田亩中耕作，疲累了就在东边的山坡上休憩，世间的人情世故已经历练得够多了。闲来无事的时候，也会把过往的事仔细回想一遍，发现那些有成就的人，确实是比较有才能的人，而我自己却是个平凡庸愚的人啊。既然如此，就该安于现状了，还有什么好争的呢？

元代的关汉卿（约1220～1300）是个风流倜傥的剧作家，他虽然身处于知识分子很难施展抱负的元朝，却把自己的才华表现在艺术创作上，散发出永恒的光芒。

关汉卿多半的时间都在歌楼剧场中，他最好的朋友就是妓女和优伶，他理解这些人的心情，也融入他们的生活。他甚至在舞台上粉墨演出，自得其乐，他卸下了知识分子的外衣，披上五彩戏衫，获得的反而更多。

他是文学史上剧本创作量最大的艺术家，像《赵盼儿风月救风尘》、《感天动地窦娥冤》等等都是相当著名的，《窦娥冤》在1835年时便有了法文译本，因此他堪称国际级的作家。

时至今日，关汉卿的非凡成就已毋庸置疑，然而，在当时他只是个怀才不遇，浪迹风月场中的浪子。于是，在这首小令中，关汉卿用了诸葛亮的“南亩”和谢安隐居时的“东山”作为比喻，这些贤相在隐居时过的生活，也就是他此刻过的生活，然而，他却不一定能变成这些成功者。

每个人都有自己的才赋，也都有自己的道路，其实是毋须比较，也不必自伤自叹的。我们从关汉卿豁达的自嘲中，也更了解了自己。

言雨生百谷也，
时必雨下降，
百谷滋长之义。

不可轻视年轻人，他们主宰了明日世界

宣父犹能畏后生，
丈夫未可轻年少。

朋友在一个基金会工作，最近需要应征新血，她每天要面试好几次，发现要挑到一个各方面条件都符合的人，原来并不容易。都说人浮于事，看起来事也浮于人呢。

那天，朋友说起她在面试年轻人的种种心得感想，提到一个条件都还蛮不错的应征者，她后来并没有录取她。

“为什么不录取她？”我问，“她有什么问题吗？” 朋友想了想，“她没有什么问题，只是……太年轻了。她才只有二十岁呢！”我愣了一下，然后问朋友：“你当年出来工作

的时候几岁？”朋友回想一下，“二十一岁了。”我们俩都沉默片刻，她笑了起来，“好吧好吧，我再想想看。”

当我们年龄渐长，就忘记了年轻时的事了吗？忘记了年轻时的我们是多么胸怀壮志，充满迎接挑战的勇气，那时候，除了经验之外，我们什么都不缺乏，不怕吃苦，不怕挫折，觉得没什么是难得倒我们的。那时候如果知道有人因为我们太年轻而不给我们机会，肯定会觉得太不公平了。

年轻，常常会成为一种障碍，这是很奇怪的事。

多年前，我在一个广播电台做深夜的广播节目，为了让节目更多样化、更特别，便与正在纽约攻读学位的一个朋友合作，每个礼拜由他来主持十五分钟的单元，介绍国外的娱乐演艺事件和人物。

纽约朋友并没有做广播的经验，要寻找录音室，配合录音时间，还要将带子寄回台北，确实有种种麻烦。我只想着该怎么解决这些问题，让事情更顺利，制作人却反应冷淡，她的说法是："我们这是给他机会啊，他要自己想办法嘛！"

这是我第一次听见"给机会"这种说法，第一次见识到这种高姿态，心里其实蛮震撼的。讲这句话的人仿佛是个造物主一样的，高高在上，却忘记了她最初入行的时候，也是个新人，也需要许多的学习和协助。

我后来常听见这样的说法，许多行业，对于新入行的人，都有种冷眼旁观甚或是鸡蛋里挑骨头的姿态，"做得好是应该，没做好是你活该。"

真正通达人情世故的人，都应该知道，年轻人未经琢磨雕塑，是潜力无限的。就像李白的诗句："宣父犹能畏后生，丈夫未可轻年少。"

连被尊称为至圣先师的孔夫子，都曾经说过“后生可畏”这句话，一般人更不应该轻视年轻人的。年轻人的“可畏”，正因为他们的“无所畏”，时代愈进步，他们的成长环境愈开放，他们的眼界也更宽阔。

正像是纪伯伦在《先知》中关于“孩子”的想法：“你可以供他们的身体以安居之所，却不可锢范他们的灵魂，因为他们的灵魂居住的明日之屋，甚至在你梦中你亦无法探访。”

前行者自以为的成就辉煌，也不过是给后继者提供了一个暂时安居的场所，后继者终要走出自己的格局，走入明日世界。我喜欢亲近年轻人，希望能从窗口窥见未来的样貌。那可能是陌生的，充满想象的，无限惊喜的一个新世界。

总是觉得自己是在“给机会”，其实是可悲的，因为他们只在给予，却没有收获，已经关上了互通有无的那扇门。如果我们不只是在给机会，也能够从新人的身上找回我们的热情勇气和活力，以及对未来的想象，我们的获得将会更多。

上李邕

唐·李白

大鹏一日同风起，扶摇直上九万里。
假令风歇时下来，犹能簸却沧溟水。
时人见我恒殊调，闻余大言皆冷笑。
宣父犹能畏后生，丈夫未可轻年少。

年轻的我就如同是大鹏鸟一般，扬起翅膀等待着风，当风吹起便可振翅高飞，直接冲上九霄云外的万里青天。若大风停歇止息，我降落而下，也能将沧海颠倒过来，激扬起剧烈波涛。一般人看见的，都是我与世俗不同的论调和观点，听见我说出的充满自信的话语，不仅不赞同，还发出阵阵冷笑。连孔子这样的圣人，也曾说过“后生可畏”的话，你们可千万不要藐视年轻人啊。

唐代诗仙李白（701～762）少年时代就“观奇书”，“游神仙”，“好剑术”，有多方面的才能和兴趣，他的狂傲正是因为他的才华无匹。

二十五岁那年，李白离开了故乡蜀地，开始了一生的浪游与经历。因为对于道家与神仙术的爱好，他不止一次在诗中以“大鹏”来自喻，想来是深受庄子影响的。这只大鹏鸟等待的是“风”，也就是一个从政的机会，一个施展抱负，实现理想的机会。

他在长安城里遇见名诗人贺知章，这位前辈诗人盛赞他为“天上谪仙人”，并且荐于唐明皇，唐明皇欣赏李白的诗才，将他留在身边为“待诏”。

李白终于有机会步上青云，却只是陪同君王贵妃饮酒赋诗而已，并不能真正有所作为。在长安城的三年，看似风光无限，诗人心中却更加抑郁，日日以酒浇愁。

他是只等待抟云而上的飞鹏，虽然在金笼中踱步，却也在无意中给了另一只鹏鸟清凉的风。传说他行过长安城中，曾遇见一个被绑缚着的年轻人，气宇轩昂，却因为犯了事将被处决，李白以当时的影响力为年轻人赎身，救他一命。后来，这个年轻人发奋进取，成为一代名将，便是平定安史之乱的郭子仪。

多年后李白因一次政治事件，差点丢了性命，也是因郭子仪的搭救而能化险为夷。这个故事不仅传为千古佳话，更再次印证了李白所谓的“丈夫未可轻年少”。

立夏

万物至皆已长大，

故名立夏。

方向掌握在自己手上，不轻易受人影响

两岸猿声啼不住，
轻舟已过万重山。

那天，陪一位朋友出席他们公司新任董事长办的Party，其实是我主动要求去的，因为我知道这位董事长是个女性。这位女性当年半工半读完成学业，结了婚，生了孩子，与先生一起在公司里上班，是人人称羡的神仙眷属。

国外总公司老板亲自来台湾的分公司挑选储备干部赴欧洲受训，她和先生都在候选人名单上，大家都以为是她先生雀屏中选，没想到大老板挑中的是她。大家便以为她会退让给先生，谁知道她和先生讨论，取得共识之后，竟然真的准备到国外去受训了，这一去

至少三年。

那时候，一个孩子五岁，另一个才只有三岁。这个女人在众目睽睽下，上演了“抛夫弃子”的戏码，与先生协调之后，果然真的远渡重洋而去。这样的故事实在挺特别，我为了这个，削尖了头也想见见她。

我更想见到的其实是她的先生，一个男人竟有这样的自信与气度，支持一个看起来能力比自己还要强的女人，这个女人还是他的妻子，确实不容易。这女人若是他的母亲或姐妹或女儿，就容易得太多了。

先生为什么常把妻子当成竞争对手，而不是生命共同体？到现在仍是个谜。

这对夫妻当时的决定，可想而知激起多大的涟漪。婆家是坚决反对的立场，绝无妥协余地的，他们对于媳妇竟然和儿子竞争，早就忍无可忍了，这在他们看来是违反妇德的行为，根本就是个叛徒，已经构成离婚的条件了。他们甚至觉得儿子太过软弱才是造成妻权高涨的原因，也给儿子增加了许多压力。

她的先生当年有一段很经典的话：“生孩子是我做不来的，只好偏劳你。带孩子应该没有那么困难，我来就可以了。”

结果，妈妈一出门，原本帮忙带小孩的奶奶和姑姑立即自动退出，甚至请他们父子三人自己搬出去住，想用这个绝境逼得海外的妈妈知难而退。做爸爸的带着小孩去岳父母家求助，想不到岳父母家也指责女儿没有尽到妻子和母亲的责任。

周遭所有朋友议论纷纷，没人愿意伸出援手，很多人都力劝妻子放弃，不断以家庭和婚姻的重要来恫吓她。先生不想让太太知道自己面对的困境，牙一咬，一个人全担下来了。海外的太太也没让先生失望，回来之后一帆风顺，在业界做得有声有色。

最特别的是，在妻子受训归国之后，先生马上辞去原来公司的工作，避免和妻子在同一间公司，为的是消除许多人情关说与猜忌。他换了一个行业，做得也踏实愉快。别人问他是否为妻子做了很多牺牲，这个先生回答："我没有牺牲，只是成全她，因为我知道她做得到。"

去到Party才知道，那天也是他们夫妻俩结婚二十周年的纪念日，在众人环绕之下，先生深情地亲吻太太脸颊，四周响起一片掌声。掌声如同潮水般泛漫开来，现场好多女性都感动得泪水盈眶。

我忽然想到李白那两句诗："两岸猿声啼不住，轻舟已过万重山。"很多时候，我们其实明白自己的追求与梦想，却因为太在意别人的意见，太在意别人的想法，于是，缓慢了脚步，或者根本不敢去试。

然而，不管是哪一个"别人"，都只是别的人，不是自己，并没有足够的权威性，能为我们的生命做选择。为生命做抉择，也为生命做承担，说到底都只有我们自己，何不更积极地面对每个机会？

就像是行船在水上，只有水测得出舟的重量，只有舟感觉到水的迅捷，人在轻舟上，已过万重山。猿猴在两岸喧嚣，或激情或低婉，都只不过是人生的配乐，如同风过耳。

|诗人好望角|

早发白帝城

唐·李白

朝辞白帝彩云间，千里江陵一日还。

两岸猿声啼不住，轻舟已过万重山。

早起告别了高处的白帝城，这城在晨光彩云之间焕发着，正像是即将出发的心情。一路顺着长江往下游去，江陵城虽有千里之遥，然而速度很快，一整天便可以回到家了。沿途的景致无法细看，却不断听见猿猴的啼叫声，像是催促，又像是配乐一般，而这轻快的小船，已经穿越了重重叠叠的山岳。

很多时候，我们其实明白自己的追求与梦想，却因为太在意别人的意见，太在意别人的想法，于是，缓慢了脚步，或者根本不敢去试。

行船在水上，
只有水测得出舟的重量，
只有舟感觉到水的迅捷，
……

李白的祖先、籍贯与身世相当复杂，众说纷纭，充满神秘色彩。有一种说法，说是他的先人有犯了罪的，因此，才华盖世的李白虽然胸怀壮志，却从来没有参加过科举考试，这是相当不寻常的事。

唐朝的科举制度，是拔擢人才最公开的渠道，也是文人晋身的不二法门，然而，参加科举必须实报身家以供查核，或许正是这个原因，使他失去了公平竞争的机会。

他曾有三年在长安城供奉翰林的经历，应该也是绝佳机会，可是，李白不甘心只作为娱乐皇家的宫廷诗人，他的恃才傲物与放浪形骸，引起皇亲权臣的侧目，使得唐明皇终于做出“赐金放还”的决定，送给李白一笔钱，让他离开了宫廷。

自此，李白过着落魄潦倒的生活，他常常买醉，连酒钱也付不出来。他的心中被悲哀的情绪充满，无可奈何。

十年之后，爆发了安史之乱，明皇仓皇走避蜀地，天下无主，李白也避居庐山，那一年，他已经五十五岁了。永王璘在混乱中起兵，想要一统天下，他久仰李白才情，召为幕僚，这是李白一生最后的大展身手的机会，他接受了邀请。

然而，永王璘最终还是失败了，李白因此获罪判处死刑，幸得郭子仪相救，流放夜郎，走到巫山时，忽然接获赦书放归。五十九岁的诗人喜出望外，觉得人生的道途也骤然轻快开阔起来，便写下这首诗。

综观诗人的一生，常是不被理解，不受欣赏，多得谗言排挤的，他的艺术生命却仰之弥高，成为一种典型，永恒不朽。

小满

万物长于此少得盈满，麦至此方小满，而未全熟。

发现自己的独特，肯定存在的价值

天生我材必有用，
千金散尽还复来。

很小很小的时候，初初来到这个世界，我们都希望被看见。所以，婴孩会号啕大哭，尖声大叫，都是为了引人注意。可是，成长到某一个阶段，我们忽然希望自己变成一个隐形人，希望不被注意。

一个少女，常常会比一个少男更容易隐形。女孩子因为乖巧听话而隐形了，因为缺乏自信的沉默而隐形了。女孩子的活动力比较小，占用的空间也比较小，确实是很容易隐形的。男孩子大剌剌的行动与性格，使他们比较容易引起注意。

一个人要隐形并不困难，只要周遭的人没有注意到他的需求或存在，他就已经是隐形的了。

在看电影《超人总动员》的时候，我特别注意到超人家庭里那个可以隐形的少女小倩。不管在家里或是在学校，她总是忽隐忽现，多半的时候也不出声。

小倩是长女，下面还有两个弟弟，她显然是不太需要操心的那一个。所以，搞隐形就是她的拿手把戏，吃饭的时候隐形，在喜欢的男孩子面前隐形，也把自己的情绪都隐形。她的造型如同一般叛逆少女，长长的浓密黑发有一半披在脸上，只露出一只大眼睛。

她其实是有超能力的，她和全家人都拥有超能力，只是因为他们必须隐藏超人的身份，所以不能显示出来，这是抑郁的，被压抑的她当然不是个快乐的女孩。

这状况在超人父亲遇到危险时，终于有了改变，家人的危机，也是转机。小倩和母亲与弟弟展开营救行动，她穿上专门为她设计的少女超人装，戴上超人眼罩，就在那一刻，她找到了一种身份，找到自己。

于是，她开始发挥超能力，她更纯熟地运用隐形术与敌人作战，她能够发射防护罩保护自己和家人，她愈来愈有信心。父亲发现她的改变，是她终于把长发拨到耳朵后面去，露出整张光洁的脸蛋。外表的改变是显而易见的，内在的改变，却更为强大。

小倩和家人的关系更亲密，她不再畏怯，不再躲藏，能够坦然面对自己偷偷喜欢的男孩子，并且主动邀约。她的美丽，她的魅力，自此展现出来。

李白在《将进酒》中的“天生我材必有用，千金散尽还复来”，是我很喜欢的人生态度。每一个生命都是独一无二的，我们生而拥有一些特别的才能，只是自己没有察觉，别人也没有发现。一旦发现了自己的内在所蕴藏的宝藏，我们就会变成一个全然不同的人。

当我们懂得运用并且发挥这种才能，便会替自己创造源源不绝的资源与机会。这两句诗是互为因果的，若不能发挥所长，千金散尽就“还‘不’来”，而非“还‘复’来”了。

看着小倩的故事，我不禁想到少女的自己，也是那么孤独、那么隔绝地包裹在迷失的茧中，宛如隐形。直到有一天，无意之中，我发现了自己比别人有更敏锐的观察力，我总能洞悉那些隐藏的关系，那些隐密的细节，我仿佛有预知能力，许多事被我一一说中了。其实，我只是在事情还在发展中，便已经观察体认出来了。

另一项是说故事的能力，当我开始说故事，众人皆安静聆听，就从那一天开始，我找到了发射防护罩的能力，再也不是隐形少女了。这些看起来并不起眼的能力，也让我日后成为一个作家，为我的生命塑形。

我相信每个人多多少少都有点与众不同的能力，只是很多人终其一生都没有发现，只好隐形一生一世，永远无法肯定自我的价值。

将进酒

唐 · 李白

君不见，黄河之水天上来，奔流到海不复回。
君不见，高堂明镜悲白发，朝如青丝暮成雪。
人生得意须尽欢，莫使金樽空对月。
天生我材必有用，千金散尽还复来。
烹羊宰牛且为乐，会须一饮三百杯。
岑夫子，丹丘生，将进酒，杯莫停。
与君歌一曲，请君为我倾耳听。
钟鼓馔玉不足贵，但愿长醉不愿醒。
古来圣贤皆寂寞，唯有饮者留其名。
陈王昔时宴平乐，斗酒十千恣欢谑。
主人何为言少钱，径须沽取对君酌。
五花马，千金裘，
呼儿将出换美酒，与尔同销万古愁。

你看见吗？ 那浩浩汤汤的黄河之水，仿佛是从天上落下的，就这么一路奔流着，直入大海，再不回头。你看见吗？厅堂上高悬着明亮的镜子，映照出令人心惊的白发，这发丝早晨还是乌黑的，到了黄昏竟然就白如霜雪了。人生既是如此短暂，得意时就该尽情享受欢乐，千万不要让黄金酒杯空着，在这明月正好的夜晚。

每个人天生都具有特殊的才华，这才华必然会有可用之处；千金财富也不用积存着，散尽之后，自然还能重回身边。烹煮一只羊，宰杀一头牛，为的都是这场欢宴，瞬间便要痛快地豪饮三百杯酒。

亲爱的朋友岑勋！亲爱的朋友元丹丘！多喝点酒，一杯酒接一杯，别让你们的酒杯停下来啊！我来为你们高歌一首，请你们也为我安静地聆听。富贵人家吃饭时鸣钟列鼎，食物精美如珠玉，这些在我看来，实在值不了什么钱。我所希望的是久久长长地沉醉，永远不用醒来。

这个世界上，从古至今，圣人贤者都是寂寞的，找不到知音，也不能为世所用，倒是爱喝酒的人，反而留下千古名声。就像是陈王曹子建在平乐寺宴客，准备了万斗美酒，让宾客开怀畅饮，留下永恒的风流美名。

做主人的怎么能说买酒的钱不够？应该尽力去买更多的酒来，让我们相对酌饮。把珍贵的五花马，价值千金的裘衣都贡献出来，叫童子拿出去变卖了，换酒来喝，必须要饮更多美酒，才能销去这千万年来共同的愁闷与寂寥。

诗仙李白作这首诗的时候，已经五十一岁了，他经历了许多繁华与坎坷，有了对自我的信心，也明白了这是一个有志难伸的世界。据他自己说，他曾在一年的游历中便散尽了三十余万金，因此，这首歌行体中的豪情，绝非矫情，而是诗人的真性情。

在这首诗里，有种阔然无畏的精神，如同一篇个人生命价值的宣言，鼓动着我们的意志，让我们确立自我的存在感。

此时可种有芒之谷，过此即失效，故名芒种。

由浪漫入平淡，是最美好的承担

如今七事都更变，
柴米油盐酱醋茶。

我在东马遇见一位女记者，玲珑的身形却充满能量，她曾是一个田径选手，刚到东马跑新闻的时候，也是第一个骑着摩托车满街跑的女人。只要有新闻，她便像箭一样地冲向前去，从不迟疑。

她曾独自潜入连警察都不敢涉险的小岛，采访那些以劫持抢夺为生的非法移民，谈着谈着发现那些强人的眼神变了，她借口上厕所，找了船逃命一样地逃回来。

她也曾经深入高山采访，夜里下山遇见浓雾，再强的车灯也穿不透，而她必须赶回报社去发稿，无可奈何，拼了命也要下山。与她同行的男同事，没有驾车的勇气，她只好自己来，摇下车窗，探出头去，看着车轮压住道路上的白线，一点一点地将车子开下山来。

几个小时屏息着，紧张到浑身汗水湿透，衣服都能拧出水来。这些事是她的男同事都不敢做的，她一咬牙，就上了。使命必达，绝不辜负所托。

因为，这个工作是她从小最浪漫的梦想，她必然全力以赴。浪漫，不一定是风花雪月这一类的事，也可以是很扎实的。在没有电脑网络，连传真机也没有的年代，她常常写好稿子，就带到机场去等候，恳求准备搭飞机的商旅，替她把稿子带到吉隆坡总社。苦苦地等，苦苦地求，奇怪的是竟然一点也不以为苦。

金槽和碾沉香末，
冰碗轻涵翠缕烟。

我们听着她叙述工作的经历与那些冒险，一阵叹息，一阵惊奇。但是，她微笑着说，这些都是以前，以前是不知道怕的，什么都不怕，现在不同了，现在有了孩子，做了母亲，什么都怕了。

孩子还小，需要母亲的照顾，需要母亲为他们洗澡，为他们讲床边故事，需要母亲拥抱，让他们感到安全。因为意识到孩子对于自己的倚赖，因为放不开这些牵绊，开始感觉到危险，开始会考虑，会迟疑，哪怕不是发生在自己身上的事，也有了种种恐惧的想象。

虽然都说“为母则强”，母亲的坚强却是表现在捍卫子女的勇气上，她可以为孩子火里来水里去，可是，当她独自面对水火无情的时候，却因为想到子女而退缩了。成为母亲，一个女人便从本质上改变了。

少女时代很喜欢一首诗，抄下来送给朋友：“书画琴棋诗酒花，当年件件不离他。如今七事都更变，柴米油盐酱醋茶。”虽然都还是做梦的年龄，却也懵懂地感受到成长带来的生命变化了。

等我们渐渐变为成年人，无可避免地承受许多生活的责任，才明白并不是没有梦想了，而是没有时间做梦了。

我看着少女时的朋友，曾经比我更耽美更爱写诗，过着诗情画意的生活，如今，已经是三个孩子的母亲。为了刚考上大学的孩子找租屋，为还在念高中的孩子拦截电话与情书，为最小的孩子找到好医生配戴牙齿矫正器，她说她已经有好几年没进电影院看电影了。

她的孩子常常嘲笑她是个落伍的妈妈，在捷运里还会迷路。她有时候叹气地说："为这几个小孩操劳这么多年，耗费大半辈子，不知道到底值不值得？"

她或许失去了作诗的能力，但，她知道这座城市哪条街有便宜又耐用的家具；她或许没时间再用花瓣拼图了，但，却知道如何烘焙一个香喷喷的芒果奶油派；她知道沙发旧了不需要换沙发，只要换上漂亮的沙发布，就成了崭新的沙发；她知道每个孩子爱喝哪种汤，喜欢吃哪种面包；她知道用哪种声调对他们说话，他们会对她心悦诚服，在这个世界上，没有别人，只有她知道。

当然是值得的，在岁月中一切的付出都是值得的，为的是把我们变成一个更完整的人，拥有更丰富的人生经历。

无　题

清・张璨

书画琴棋诗酒花，当年件件不离他。

如今七事都更变，柴米油盐酱醋茶。

（查为仁《莲坡诗话》收录）

读书、写字、绘画、抚琴、下棋、作诗、品酒与栽花，这些风雅的事，想当年都是他生活中不可或缺的元素，与他的生命融为一体。如今年纪不同，世事也改变许多，而生命中最重要的七件事，竟变成了生活里最琐碎平凡的日常所需，天天忙碌地操烦着柴、米、油、盐、酱、醋、茶。

清代著名的诗人与诗论家查为仁（1693～1749），号莲坡，在他的诗论《莲坡诗话》里，收录了他的朋友张璨的这四句诗。这四句诗有着打油诗的巧意，也有着对照的乐趣。

查为仁的父亲是天津地区的盐商，以贩盐致富之后，便展开私家园林的兴建工程。查为仁年轻时因受人诬陷而入狱，获释不久，便投入父亲苦心营造的“水西庄”别墅的浩大工程。这座花费三、四十年时间经营的园林，连乾隆皇帝也慕名而访，曾经四次留住，并亲笔写下赐名“芥园”。

查为仁也在这座园林中，广邀一时俊彦、文人雅士，诗酒唱和，秉烛夜游。查为仁“尚气谊，喜结纳”，很受到当时名士敬重，是个懂得品味生活，而又喜欢与人分享的艺术家。

张璨是湖南人，因为到北京任职，与查为仁结识，进而成为好友。有一日查为仁到张璨的书房中，看见墙上贴着七言绝句，正是张璨的手迹。“书画琴棋诗酒花”与“柴米油盐酱醋茶”正好是雅与俗的代表，却并不是矛盾冲突的。

事实上，我们必须先把自己的世俗生活安顿好了，才能有多余的力气与精神，来赏玩风花雪月的美好生活。一个人若只能过“书画琴棋诗酒花”的日子，却无法应付“柴米油盐酱醋茶”，也是一种超脱现实的虚妄。唯有在两者之间，取得和谐，相辅相成，才是既能投入，又能升华的人生。

万物于此，
皆假大而极至，
时夏将至。

自食其力，是人类的尊严

人生归有道，
衣食固其端。

我在银行前面拦计程车，看见一辆整洁的计程车，司机摇下车窗，正热烈地与骑楼里卖公益彩券的一位肢障人士聊天，他还买了彩券。

车子缓缓开动，从我面前经过，我挥手招下车，开了车门进去。凉爽清新的空气中，我瞄到了这位司机先生的不同，他也是一位肢障人士，他的右腿萎缩着盘在座椅上，只用左脚踩着油门。

说真的，有三秒钟，我的心紧紧地跳了几下。二十年来以计程车为主要交通工具，这样的状况还是头一遭遇见。还好我的天性乐观，心里想，他如果敢开，我为什么不敢坐？

报出了前往地点，我便好整以暇地靠进椅背了。这台车原来有两位驾驶在开，另一位是女性，也许是他的牵手吧。如果他们俩轮流出车，应该可以获利更多，是很勤奋工作的人呢。

方向盘前方放置着一张塑封起来的彩色照片，是一个女人环着两个小孩，一男一女，三个人齐齐开口笑，看起来是很快乐的一家人。我揣测这应该是他的家人，也是他努力打拼的动力吧。

在高速公路上，司机先生方向盘抓得稳稳的，快速平稳地进到平面道路，汇入车流之后，路数一改沉稳为激进，开始扭摆车身，超越、闪躲、争竞。当他行走时也许要落后，当他驾驶时却可以争先。

我真的在他成功闪避与超前的瞬间，感觉到他的亢奋和得意。十几分钟之后，我发觉自己的不安全感完全消逝，看着他灵活地操控一辆车，我忽然觉得惭忑，如果他可以用一只脚驾驶，为什么早就领到驾照的我，近二十年来，却还不敢上路？我到底在恐惧什么？又在胆怯着什么呢？

目的地顺利抵达，他因为错拐了一个路口而致歉，表示要少收五块钱，我却坚持全额支付，并且向他致谢。他确实带给我一段意料之外的特别时光，经历一些自省与启示，这是很值得感激的。

他收钱的时候，伸出双手，脸上谦逊而诚恳的表情，是很动人的。我猜想，这位独脚司机的拥有，可能比许多双脚俱全的人更丰盛，因为，他懂得自食其力的可贵，维护着自我的尊严。

我也想到，几年前有位困扰的母亲，请我开导她沉迷于写作的儿子，希望这个高等学历的儿子能够走出作家梦，走入人群，“至少

结庐在人境，而无车马喧。
问君何能尔？心远地自偏。
采菊东篱下，悠然见南山。
山气日夕佳，飞鸟相与还。
此中有真意，欲辨已忘言。

有个工作也好。”

我和那位怀抱作家梦的年轻人见面，他很消沉沮丧，备受经济压力。我问他为什么不去找个工作，哪怕只是兼差的或打工的都好，起码要让自己有谋生能力。他很诧异地看着我：“我是作家耶，写作就是我的工作，我为什么还要做别的工作？”

我告诉他，此时此刻，写作是他的理想，是一个正在追求的目标，但，假若连生活的基本都顾不上，还谈什么理想？谈什么追求？假若理想的追求只成为家人的痛苦，社会的负担，又有什么意义呢？

就连最坚持自己理想，不愿为五斗米折腰的陶渊明，也在理想与现实的冲突矛盾中，写过这样的诗：“人生归有道，衣食固其端。”每个人都有选择人生目标与理念的自由，只是不管如何，都应该先把生活的基本需求料理好，才能坦然追求想过的生活。

我们或许觉得自己很独特，或许觉得自己很有天赋，不能也不甘过一般的平庸生活，那么，在追求卓越，攀登巅峰之前，应该先做好自食其力的准备。我们不是笼中鸟，不是槛中兽，自食其力，是作为一个人的神圣与尊严。

| **诗人好望角** |

庚戌岁九月中于西田获早稻

晋·陶渊明

人生归有道，衣食固其端。

孰是都不营，而以求自安?

开春理常业，岁功聊可观。

晨出肆微勤，日入负耒还。

山中饶霜露，风气亦先寒。

田家岂不苦?弗获辞此难。

四体诚乃疲，庶无异患干。

盥濯息檐下，斗酒散襟颜。

遥遥沮溺心，千载乃相关。

但愿长如此，躬耕非所叹。

人生在世都希望能够回归到一种最理想的方式，然而，不管是怎样的追求，都应该以穿衣吃饭的温饱作为基础。如果不能照顾好生活的基本所需，又怎么可能拥有安心的生活?

耕作已经是一种日常的营生，开春时节便开始辛勤料理，到了秋收季节成果也算可观。早晨天刚亮就要尽微薄之力去耕作，直到太阳下山才扛着农具回家。

山中的霜露原本就比较多，一阵风来更感觉到透骨的寒意，农家的生活怎么会不辛劳呢？然而，为了求得丰盛的收获，也就不辞艰苦了。农地的工作固然会令人肢体疲惫，却也能避免掉其他灾祸的干扰呢。

打盆水来洗手洗脸，洗干净了便坐在房檐下憩息，喝一些酒，散开了衣襟，也展开了笑颜。当年孔子周游列国，曾向隐居田耕的长沮和桀溺问过路，虽然已经隔了遥远的千年光阴，那种心情依然是很类似的。

但愿世上除了汲汲营营于功名富贵的人之外，还能有隐居田亩而乐在其中的人，努力耕作，自给自足，不是一件应该悲叹的事。

陶渊明（365～427）是晋代最著名的文学家，也是中国历史上最清雅而具个人风格的隐逸名士。他出生在一个破落的仕宦之家，曾祖父是搬砖的陶侃，也是东晋开国元勋，因为父亲早逝，他和母亲只好依于外祖父孟嘉生活，孟嘉也是当时的名士，这些家族长辈，都对陶渊明产生了一定的影响。

一方面他服膺于儒家的理念，一方面又不愿违逆爱好自然的本质，常常有笼中鸟的受困感觉。这样的矛盾冲突是他的人生面向，也是诗文中的特色。

陶渊明曾经在宦途浮沉十三年，深深感到绝望与无奈，萌生退意，这想法终于在彭泽县令任内实践了。他仅仅做了八十一天的县令，便挂冠求去，还写下了闻名遐迩的《归去来兮辞》，宛如宣言，勇敢地从同流合污的世俗道统中挣扎而出，寻找自己的真性灵与新天地。

既然对现实环境失望，他便想象虚构了一个理想的世界，那就是《桃花源记》的乌托邦。在那宛如仙境的桃源深处，住着的是一群避难的人，他们“乃不知有汉，无论魏晋”。这似乎暗示着，唯有不受任何政治因素介入与干扰，才能让老百姓安居乐业，过着知足常乐的生活。

桃花源虽然是个并不存在的地方，却成为后代对于理想国度的恒久典型。

腹有诗书气自华的陶渊明，远离尘俗羁绊之后，选择日出而作，日落而息的农耕生活，与自然田园相融合，这样的转变，成为中国士大夫精神上的一位引导者。

历朝历代的知识分子，在仕途上失意，厌倦官场之后，便兴起效法之心，回归到陶渊明的境界，寻找新的人生方向，并借以安慰自己。

连他因为家贫而托钵乞食的困窘，也成一桩极其风雅的韵事。不为五斗米折腰，已成了中国士大夫精神世界的一座堡垒，用以保护自己出处选择的自由。陶渊明以他在混浊人世中，个人的突围与尝试，为我们留下最珍贵的价值。

斯时天气已热，尚未达于极点，故名小暑。

看似寻常的人，也能有震动人心的力量

且喜胸中无一事，
一生常在平易中。

一位常常联络的朋友，有好一阵子没有出现，我在年末之际，忍不住打电话给他，向他问候。除了问候，其实还有点埋怨，怎么这么久没出现啊？

朋友说他的父亲在暑假里过世了，这位退休的中学教师，已经八十几岁了，平日身体还算硬朗，却是因为心脏病发而过世。

朋友说，父亲一生最不想要麻烦别人，“这一回，他真的一个人也没麻烦，就这么走了。”

我并不常听朋友提起父亲，倒是常常谈到母

亲，母亲听起来乐观开朗，和孩子们比较亲近，至于父亲，当了一辈子老师，免不了的不怒而威，从小孩子们都很畏惧。等孩子们都长大之后，母亲更成为家庭的中心。

“回家陪我妈吃饭”，“星期天要陪我妈看《大宅门》”，“过年的时候得陪我妈回娘家”，我听见的总是他的母亲。至于父亲呢？朋友说他从小就不爱念书，三不五时和人打架，是个问题青少年。

父亲恨铁不成钢，不知道为他生了多少气。“我是个老师，怎么竟会教出你这样的儿子？”父亲气到不行，就会说出这样的话。

我的朋友从没能在念书这件事上，让父亲觉得光彩，还好，他经过许多年的努力，事业做得还算成功，做的也是与教育相关的行业。

忙碌工作的朋友，与父亲的关系可能像朋友，却仍隔着难以跨越的距离，已经几十年了，不知如何亲近，直到父亲忽然过世了。

孩子们为父亲整理遗物，看见父亲妥当地收着历年来学生寄给他的贺年卡，还有一些有成就的学生的报道剪报，过去那些岁月的影像浮上眼前。

孩子孙子簇拥着妻子，喧闹欢乐的时刻，他常常是安静地，在角落里微笑地看着这一切。或者是待在书房中，翻看着自己的剪贴簿和柜子，那里面有一切往昔的记忆，只有他知晓每一张卡片的寄件人，知道他们现在何处，过着怎样的生活，也清楚地记得他们年少的样子。

每隔三年，就会有一群学生来为父亲过生日，那是多年前的学生，有的是公司老板，有的是学校校长，有的是出版社社长，也有平凡的小公务员，当然，还有家庭主妇。

他们虽然各有自己的天空与专业，可是，来到老师面前，仿佛仍如三十年前的青涩，排排坐，听着老师说话，也说给老师听。只有在这时刻，才能听见父亲豪爽健朗的笑声，父亲的双眼再度炯炯发亮。

为父亲办告别式的时候，来了许多人，都是父亲以前的学生，他们是自己联络而来的，朋友他们全家人都不认识。还有好几位都是朋友同行的前辈，原来也是父亲的学生，他们都聚集而来，一排排站好，就像以前在课堂上那样，起立，敬礼，老师好，老师好走。

这场面震慑了作为人子的朋友，他说父亲从来没提过，他们也从没去了解过父亲一辈子贡献的工作，到底有些什么成就与过往。这些人又是用什么样的方式，去记忆着这位已经退休二十年的老师的呢？

朋友像是头一次认识了自己的父亲，幸会了，父亲。
却也是再会了，父亲。

“且喜胸中无一事，一生常在平易中”，我想到的是这两句诗。这位远行的老师，一生之中仿佛没有什么挂碍的事，俯仰无愧，到了晚年，常常只是心满意足地微笑着。

然而，当他离去，家人重新认识他，才发现在看似寻常的人生中，他曾经启迪过这么多人，在这些人的心中，他将长长久久地活下去。

|**诗人好望角**|

送晦叔

宋·徐积

两人俱是白发翁，不用语言情意通。

且喜胸中无一事，一生常在平易中。

愿公活百岁，我活九十九。

白发变成黄发翁，回来同把一杯酒。

我们俩都是白发苍苍的老人了，有些事不需要言语的沟通，也能够心领神会。可喜的是活到现在，胸中并没有什么记挂着放不开的事，而这一生也就在平平稳稳中度过。希望你能活到一百岁，而我也能活到九十九岁，当我们头上的白发已经变成黄色的发丝，还要重来聚首，快乐地用同一个杯子喝酒。

宋代诗人徐积（1028～1103）是位理学家，也是个出了名的孝子。在他三岁那年，他的父亲徐石便去世了，小小的徐积每天早晚都俯倒在地，哀哀痛哭，希望父亲还能活过来。他的母亲为了给他好的启蒙，便教他读《孝经》，每次一翻开书，他便思念父亲，泪流不止。

长大之后，旁人发现他每跨出一步，都非常小心谨慎，便问他原因。他说是因为自己的父亲，过世的父亲名字是“石”，为了避讳，他总是小心翼翼，不仅不愿意踏到石头，也不愿使用石器。这样的行为，现今看来固然显得有些荒谬可笑，然而，古代人却是相当敬佩的。

徐积与母亲的感情很亲密，成年后要上京赶考，却不愿与母亲分离，只好载着母亲一同赴京，而他送给母亲最好的礼物，就是考上了进士第一名。

母亲过世时，他悲痛不能自抑，狂吐鲜血，更在母亲的墓旁筑屋而居，早晚请安问好，仿佛母亲仍在世间的样子。徐积不仅是《孝经》的实践者，简直就是《孝经》的代言人。

这首送别诗，没有理学家沉重的包袱，也褪去人子的身份，而是在亲近的朋友面前，显露出微醺的快乐。为了想和朋友常相聚，期望可以活得更久更长，还能像孩子似的抢着酒喝，这种平凡的幸福，不正是我们想要追求的幸福？

斯时天气甚热于小暑，故名大暑。

知足常乐，便是富豪

随贫随富且欢乐，
不开口笑是痴人。

那一天，当全台湾都陷入十亿彩金狂潮中，朋友们见面总要问一声："如果你拥有十亿，要怎么办？"

带着一点轻微的歇斯底里的语调，听起来十亿不像是一件天赐的幸运，倒有点像是一场灾难。火烧厝啦，被劫持啦，要怎么办才好啊！每个手中握有彩券的人，都认为自己很可能会中奖。

MSN上显示的名称包括"十亿难道是我的"，"这一次，我知道我被十亿选上了"，"十亿元该藏在哪里"……每次登入，都以为我的每个朋友手中都掌握着明牌。

在一片狂潮中，我也开始寻找和搜集没有买彩券的人，那些像我一样的人，并且问人家："为什么你不买？"

媒体上秀出十亿可以做些什么事，像是买十一幢信义之星啦，坐头等舱环游世界三百次啦，还可以动隆乳手术六千多次呢。那个隆过乳的朋友听到这一项，脸色立即发白，好像下一刻就要昏厥的样子。

这些我都不需要。不买的朋友差不多都是这样回答的。

据说，台北银行设计这些彩券的高层人士一次也没买过，他表示对他来说，现在拥有的生活就是最满意的生活了，只要能够保持现状就好，比中了高额奖金更贵重。

我想，我和那些没有买彩券的人也是类似的想法吧。我不想住在信义之星，我喜欢现在的家，虽然淳朴却让我觉得舒适安心；我不想坐头等舱环游世界三百次，一次就够了，因为还有好多事要做呢；我也不打算隆乳，如果年轻时都撑过去了，现在何必受这种痛苦。

我当然也有我需要的，我需要家人健康平安，需要与朋友感情融洽，需要自在愉悦的生活，需要平等的工作环境，需要不受战争的威胁，需要人类将地球的破坏降到最低，这些都不是十亿元可以带来的幸福，也不是财富可以改变的事。

常常地，我看见一些功成名就的朋友，天天鱼翅鲍鱼，山珍海味，而他们说起一生中最美好的饮食经验，却是火车上的排骨便当，或是公园门口的酸梅汤。那些都是很便宜的，都是在他们贫穷岁月中梦想品尝的，可能要积攒一段时间，才能够拥有，意义格外不同，滋味特别美好。

富贵人有富贵的享乐方式，贫穷的人也有自己的喜悦。我一直记得小时候看过一位“酒矸倘卖冇”老伯，他的衣衫褴褛，推着单轮车，灰白的头发在风中被吹得更稀疏。然而，他总是执著地在车栏杆上绑一朵花，有时候是百合，有时候是玫瑰，有时候是黄菊花。而他也总是笑口常开的，好像他做的事是最重要的，好像他是整条街的王。

那时候孩子们总爱追着他跑，帮他唱着“酒矸倘卖冇”的歌。他那时候除了收瓶瓶罐罐的，也收旧唱片。我记得有一回，他送了一张紫苏梅颜色的透明唱片给我，上面太多刮痕，已经不能听了，却那么漂亮，我把它贴在浴室的玻璃窗上当装饰。他启迪了我，并不只有财富才能令人快乐。

唐朝诗人白居易有这样两句诗：“随贫随富且欢乐，不开口笑是痴人。”谈的正是一种随遇而安的乐观态度。白居易虽生长在藩镇割据，民不聊生的中唐时代，却时时力图振作，希望可以光耀门楣。

青年时到长安城闯天下，将自己的诗作呈给前辈诗人顾况指教，顾况嘲谑地对他说：“虽然你名叫居易，可是长安物价甚高，却是居不易啊。”等到看了他的诗句“野火烧不尽，春风吹又生”，对他的才情大为倾倒，便告诉他：“以你的才能，在长安确实是可以居易的啊。”

然而，考上进士的白居易仕途多风波，好几次因为直言敢谏而遭贬谪，他终于学习到一种乐观的生活态度，去面对人世间的瞬息万变。

其实，贫穷或富贵，往往只是自我认定的结果，当我身体健康，过着想要的生活，就觉得自己的身价超过十亿元。今天，当我起床，想到自己的富豪生活，真是快乐极了。

| 诗人好望角 |

对　酒

唐·白居易

蜗牛角上争何事？石火光中寄此身。

随贫随富且欢乐，不开口笑是痴人。

世界其实并不大，约莫就只是个小小的蜗牛角的面积罢了，我们在这么小的地方，还有什么可争的呢？岁月其实很短促，就像是打火石敲击出的短暂微弱的火光，这便是我们的人生所寄托的时间。贫有来时，富有来时，不论贫贱或富贵，都应该保持欢乐的心情，在如此难得的生命中，不及时展开笑颜，还要寻愁觅恨，那真是太痴太傻的人了。

现实主义诗人白居易（772～846），很擅长写讽谕诗，与他的出身有密切关系。他并不是贵族子弟，而是来自贫苦社会中，年少时便体会了平凡百姓的忧苦，也关心他们的生活。

他反对文学只用来风花雪月，他认定文学应该有为社会服务的使命。因此，他身体力行，在讽谕诗中揭出许多严重的社会问题，反映出平民百姓的真实生活，又因为他将诗看作一种社会改良的工具，务求“老妪能解”，对于诗的浅白与通俗相当重视，而这种浅白通俗的风格，也招致正反两面的评价。

当时唐朝的朋党之争相当严重，白居易为了免于卷入纷争，便申请外调，先后担任过杭州与苏州刺史，他为官认真爱民，为百姓疏理六井、筑堤蓄水，以利灌溉。

他离开杭州时甚至留下自己的官俸，以为官家缓急之用，这样的气概，便是今日为官的也不可能再有了。直到现在，杭州西湖畔仍留有一条植满垂柳与桃花的“白堤”，每到春日，花柳交映，美景无限，正是杭州人对于白居易永恒的怀念。

具理想性格又能明哲保身的白居易，得年七十五岁，是少数的长命诗人。他必然是能够看透许多无常变化，明白人生的短促与难得，才能获得真正的乐天与自在。

阴意出地，始杀万物，按秋训禾，谷熟也。

人生需求愈少，负担愈轻

竹杖芒鞋轻胜马，谁怕？
一蓑烟雨任平生。

当事情还没有发生的时候，我确实是没有一点警觉性的，那一天，睡到半夜，我的肩膀像被斧头劈了一下似的剧烈地痛着，惊醒过来。我睁开眼睛想确定自己不是在做恶梦，我的肩膀真的好疼痛，宛如撕裂。

好容易熬到天亮，要去看医生，一如往常，我把随身物品收拾好，一台笔记本电脑，一本精装诗词或古典小说，一叠讲义夹，装了一大袋，背在另一边的肩膀上，出门了。

医生为我做了检查，他说没有什么大问题。

“没有问题？我真的好痛啊。”在我的抱怨声中，医生看见我放在一旁的背包，他问：“是你的？”我点点头。

他用手去拎，掂了掂重量，问我：“这么重，最少有五公斤吧？”我没秤过，无法回答。

“你每天背着跑来跑去？有必要背这么多东西吗？逃难吗？”他努力压抑想要取笑我的表情，“你不必吃药也不必打针，去换个小背包吧。”

那一天，我把大背包里的东西倒出来，开始回想我的背包历史，以前我的背包确实是小的，只放一点点东西就可以了，那时候最累赘的东西是折叠伞。然后，我开始添购一些自己觉得非常必要的东西，像是手提电脑，这样就可以走到哪儿写到哪儿了。

手提电脑本身并不那么重，倒是周边配合的物品还不少，像是电线啦、鼠标啦。为了防止丢三落四，于是，我开始买大型背包，能把所有东西都丢进去的那种最好。

既然背包变大了，可以带着出门的东西也就变多了，如果不想打稿而想阅读呢，于是，随身书也进了背包，通常是那种要读好久都读不完的书，厚厚的精装硬壳。

我的背包愈换愈大，重量也愈重。终于有一天，我的肩膀再也不堪负荷了，医生还说如果再这样发展下去，我的心脏也会罢工抗议的。换个小背包，是医生处方。

我无可奈何地把电脑从随身行李中删除，但是，仔细想想，我带着它出门十次，真正能静下心来打稿子的机会还不到两次，其他时候只是“以备不时之需”罢了。为了以备不时之需，我们却要花费这么大的气力，耗损这么多元气。

我想到东坡《定风波》那阕词中的“竹杖芒鞋轻胜马，谁怕？一蓑烟雨任平生”，当东坡与一群朋友到山里游玩，回程时遇见一阵骤雨，而雨具恰好不在身边，同行有些人不免惊惶，唯有他非常笃定，虽然手中只有一枝竹杖，脚下只有一双草鞋，却自觉比骑着一匹马还要轻快自在许多，因而无所畏惧。

这是山中之行，也是人生路途的譬喻啊，我们为了行动迅捷，想要一匹马；为了居住舒适，想要一幢楼；为了受人尊崇，想要功名利禄。我们的欲想愈来愈多，我们的付出愈来愈沉重，直到我们无法承受那一天。

然而，我们想要的，与我们需要的，是否不成比例？短短的人生，为了贪欲，我们真的需要花费这么大的力气，耗损这么多元气吗？

东坡深深明白其间的吊诡，他曾经贵为公卿，受人景仰，也曾数度被流放，徘徊在生死边缘。最华贵的尊宠，他经历过；最艰困的生活，他试炼过，于是，他能在满山骤来的风雨中卸下所有防卫，只用最简单的装备与心情，迎向前去。

我换了一个新背包，宽宽的背带，小小的容量，只能放进一个钱包，一袋面纸，一支口红与一串钥匙，就这样背着出门，并不觉得匮乏，仿佛已可以去到海角天边。原来，当我们需要的愈少，负担就愈轻，生活得更自在。

| 诗人好望角 |

定风波

宋·苏轼

三月七日，沙湖道中遇雨。雨具先去，同行皆狼狈，余独不觉，已而遂晴，故作此词。

莫听穿林打叶声，何妨吟啸且徐行。
竹杖芒鞋轻胜马，谁怕？一蓑烟雨任平生。
料峭春风吹酒醒，微冷，山头斜照却相迎。
回首向来萧瑟处，归去，也无风雨也无晴。

虽然风雨很大，却不必聆听它穿越竹林，击打着树叶的声音，更不要被它吓住了。何不大声吟唱着、长啸着，与它一争长短，放慢脚步，安然地往前行。

虽然手边只有一枝竹杖，脚下只有一双草鞋，并没有其他的雨具，但，有什么好怕的呢？就这么一件簑衣，便可以闯荡这烟雨人生了。

春风吹来仍带着寒意，也把人从酒意醺然中吹醒，感到微微的冷冽。迎面而来的夕阳，从山头斜斜探照着，仿佛为我们驱逐了寒冷。

回头看着自己走过的山路，被风雨飘零得有些萧瑟，那却是已经走过的路了。至于未来，人生的归途再不用担心是晴是雨，因为，没有什么能阻拦我们的脚步。

宋代最重要的诗人、词人、作家、书法家苏轼（1036～1101），号东坡居士，人们都称他为苏东坡，是继李白之后，又一位令人倾倒的文学家。他二十岁时与父亲苏洵、弟弟苏辙一起赴京考进士，当时的主考官欧阳修对他的文章大为激赏，发出“读苏轼书，不觉出汗，快哉！老夫当避路，让他出一头地也”的赞叹。

虽然难掩出众的才华，东坡的仕途并不平顺，他早年与王安石政见不合，有志难伸，后来还因为诗谤事件被捕入京，关进牢狱，受尽苦刑，遭到贬谪的命运。他的一生，总是在贬官流放中，曾去过杭州、密州、黄州、汝州、惠州等地，最远甚至渡海去到了海南岛。

东坡所处的时代，其实是北宋盛世，而他却独自闯过一程又一程风霜雪雨。他的性格有着儒家的根柢，并受到道家与佛家的化育，形成了人道主义的精神，又是个坚定的乐观主义者。像这阕词《定风波》，便是以自己的乐观和勇气，安定人生一切风波，为后代遭遇困境的人们，提供了有力的救赎。

处暑

暑将退，
戊而潜处。

庸俗，是沉沦的开始

人瘦尚可肥，
士俗不可医。

你怎么吃，便怎么过生活。

这确实是我近来发现的一种人生面相，饮食，不仅仅是要喂饱我们，还是内心的深层欲望、渴望被满足。我所认识的人里面，约莫有完全不讲究、比较讲究两种饮食性格。

完全不讲究的人，是少女时代最憧憬的那种男子汉，不管是酸的、辣的、咸的、淡的，端起来一概稀里呼噜下了肚，有时候好像连咀嚼的动作也省略了。

那时候看见男生这样吃东西，觉得好性感。如果和这样的男生约会，问他要吃什么，他们的回答百分之八十是：“有得吃都可以，我不讲究吃的。”

为他们找餐厅也不必太过于仔细，因为，到底吃了些什么，他们也没察觉，是属于完全不向厨师致敬的吃客。后来渐渐发现，不仅是对食物没感觉，对于很多人情世故，他们也是没啥感觉的，对于他人的遭遇或心情，感受力也很差，总的来说，“活着就可以，我不讲究怎么活的”就是他们的人生态度。

成年之后，对于饮食有了要求，对于吃什么都可以的男人也就多了点挑剔。人，没有喜好，没有自己的品味，那可不行。懂得饮食的男人，通常会是很好的调情者，他们理解食物的各种口感，也就能够捕捉女人微妙的心灵层次，该松则松，该紧则紧，快慢有致，远近分明。

他们懂得制造浪漫的气氛，让自己和对方都很愉快，这种浪漫不一定要花费很高，可能只是小小心意，却可以带来惊喜。我到现在仍然记得，那个懂得享受美食的男人，带我到日本料理店，吃下第一只甜虾的味觉，也记得自己为他飞到天涯海角，依然心甘情愿的爱恋时光。

相比之下，我当然比较不欣赏囫囵吞食型的人。他们只是把食物塞进肠胃里，“饱足”是唯一的目的，不会留意食物本身，也忽略掉最美好的部分。食物的新鲜、气味、口感、调味，全都枉费了，因为他们根本毫不在意。

有些人热烈投入工作，为的只是赚钱，赚很多很多钱，他甚至不在意自己做的是不是喜欢的事，这些仿佛都不重要，于是，他从工作里获得的最大乐趣，也只剩下赚钱了。

在国外我曾遇见过一个出版社老板，开着名车，气派非凡，大家都说他是个事业成功的人，光是看他在餐厅给小费的架势，就够惊人

我们活着的每一天，
都该清明地提醒自己，
千万不要沉沦为无药可医的庸俗。

的了。然而，谈话之间，他从没提过哪本书的出版是令他“引以为荣”的，只是不断重复着要突破多少营业额，今年要增长百分之多少，只是喜形于色地强调某一本书为他赚进多少钞票。

看着他的时候我在想，他确实是一个成功的生意人，但，他可以做百货业、服饰业、银行业、影剧娱乐业，又何必要做出版呢?

天性幽默风趣的苏东坡，有这样两句词：“人瘦尚可肥，士俗不可医。”如果瘦是一种缺失，那么靠着吃喝饮食，便可以变胖，而庸俗的人，却是无药可医的。因为庸俗已经深入灵魂之中，与生命长相左右了。现代人的生活，常常是以能够赚多少钱，是不是豪门人家，来衡量一个人是否成功，许多人因此迷失在金钱与权力的追逐中，忽略了金钱与权力并不能保证幸福。

只以金钱与权力来衡量一切的人生，是庸俗化了的人生，必然会失去一些作为一个人可以拥有的，更恒久、更精致的东西。因此，我们活着的每一天，都该清明地提醒自己，千万不要沉沦为无药可医的庸俗。

|诗人好望角|

於潜僧绿筠轩

宋·苏轼

可使食无肉，不可居无竹。

无肉令人瘦，无竹令人俗。

人瘦尚可肥，士俗不可医。

旁人笑此言：似高还似痴？

若对此君仍大嚼，世间那有扬州鹤？

对于一个重视心灵感受的人来说，吃饭的时候没有美味的肉类，是可以忍受的，但是居住的地方却不能没有竹子。吃不到肉固然会使人消瘦，无法亲近竹子却会令人庸俗。消瘦了只要多吃点还能够丰腴起来，人若是变得庸俗就无药可医了。旁人听见这样的论点，忍不住嘲笑着问："这说法到底是格调很高，还是痴愚不化啊？"假若面对着竹子的高雅，还想着要享尽人间甘腴美味，那么，到哪里去找可以骑乘着升仙的扬州鹤呢？

苏东坡共留下两千七百多首诗、三百多阕词以及卷帙浩繁的散文，在古代作家中以作品数量最多、质量最高著称。他在书法、绘画、饮食、医药、禅学等方面也有极其丰硕的成果流传后世。东坡爱吃，也勇于开发创意，很认真地写下食谱，记载了鱼和汤与猪肉的各种烹调方式，因为他长年与平凡百姓生活在一起，所以，这些菜肴都是普通的食材，亲切的口味。其中最为人熟悉的，应该就是红烧猪肉了。

东坡曾赴任徐州知州，恰好遇见黄河溃决，他身先士卒，亲荷畚插，率领禁军与全城百姓抗洪筑堤，七十多个昼夜的艰苦奋战，终于保住了徐州城。百姓为了感谢这位好知州，纷纷杀猪宰羊上府慰劳。苏轼推辞不掉，收下后亲自指点家人制成红烧肉，又回赠给参加抗洪的百姓。百姓食后，都觉得此肉肥而不腻、酥香味美，便称为“回赠肉”。等他到了杭州，勤政爱民深获百姓爱戴，又亲制方块形状的红烧肉以飨杭州人，这就是流传至今的“东坡肉”。在不断地流放贬官中，他非但没有怀忧丧志，还将猪肉的烹调技艺不断更新，臻于完美，这确实是苏东坡的本色。

如此重视口腹之欲的东坡，在这首诗中明白指出“无肉”与“无竹”的象征，哪怕是吃不饱，也不能沉沦于庸俗。在工商业社会中竞争永无止息的现代人，确实应该时时提高警觉。

阴气渐重，凌而为露，故名白露。

专精，才能禁得起挑战

人皆讥造次，
我独赏专精。

我和朋友约见面，聊着聊着到了用餐时间，朋友问我有没有空？他说："如果你有时间，我们可以去吃很道地的拉面。"

要吃饭我当然欣然同意，可是吃拉面却有些犹疑。以前在电视上看见美食节目介绍日本拉面，看起来都那么可口，那么无与伦比，等我真到了日本，一家家拉面店吃下来，除了咸，还是咸，别的滋味和口感都被遮掩了。这就是梦想中的拉面吗？梦想为什么这么容易破碎？

从此之后，我对拉面的热衷彻底消失了。这一次，为了不让朋友失望，我还是随他去了。

穿越热闹的高楼与车阵，我们把车子停下，再走进一条条巷弄中，我是个没有方向感的人，这么左拐右弯，早已迷路了。我们走着，走到了一区日式老房子，这些早就应该面临拆除命运的老平房，安然颐养在最繁华的地区，就像被封存起来的老时间似的。老房子与老榕树相依为命，树根有些已经穿透了围墙，看起来像是与房子长在一起的。

这里怎么会有拉面店呢？我还在东瞧西看，朋友已经推开了一扇门，站在门口，对着里面晕黄的灯光呼喊：“阿伯，今天有没有拉面？”我有种错愕感，这不是寻常住家吗？

然而，已经有位老先生迎了出来，他一面同我们打招呼，说着“今天来得比较早啊”，一面为我们引路。过了小小庭院，进入玄关脱鞋，老太太微笑着送上拖鞋来。铺着木板的厅中，摆了三张桌子，老太太为我们送上玄米茶，她说：“这是宇治茶，秋天喝很合适的。”炒米与绿茶的香气，在热水冲激之下，喷薄而出。

“今天有炖了一整天的豚骨汤。”老先生对我们说。

“那太好了。”我的朋友点点头。

老先生和老太太穿上围裙进了厨房，我探头看了一眼，老先生正在揉面呢。揉面？现在才开始揉面？我的印象中，面店都是抓起一把面下锅去煮的。

我问朋友，怎么能找到这家没有招牌，不像商店的小馆子呢？朋友是由一位长辈带着来的，长辈早年留学日本，与拉面老板认识，几十年来只吃他们家的拉面。

我们喝着宇治茶，吃着水煮毛豆闲聊天，忘记了时间。热腾腾的拉面端上桌来了。醇厚的豚骨汤是奶白色的，漂浮着一些细细的绿

无视于功利的诱惑，
不惧于时间的催迫，
如何磨炼自己的技艺，
达到最高境界，
是我们永不放弃的信念与追求。

如果我们的心灵就是水塘，就是江河，
只要能保持着心灵的澄澈，
便能时时映照出明亮的月光。

葱，几片薄薄的鲁肉，拉面韧性很够，吃起来弹牙，色香味的飨宴，我终于露出美食节目里叹为观止的表情了。

听说老板曾经到日本拜师学拉面，他的目的不在发大财，而是要让拉面的精神流传下去，每一碗拉面都是有生命的。他坚持要在老房子里卖拉面，儿女多次劝说他们卖了房子大赚一笔，或是开起连锁店来生生不息，他们都不为所动。他们自有坚持，相信吃过拉面的客人必然难以忘怀。

在旁人看来，这必然是一门太不划算的生意了，正如同韩愈的诗："人皆讥造次，我独赏专精。"这首诗是为精卫鸟填海而作的，古代神话有个天帝的小女儿渡海时不慎溺死，死后化为精卫鸟，时时衔着石块或树枝投入海中，希望可以将海填平，便不会再有遇溺的悲剧。

这么小的鸟，竟想去填平那么辽阔的海洋，确实是不可能的事，然而，这鸟儿的姿态与坚持，却又鼓舞着我们的意志与决心，使我们对于自己的力量有了更大的想象。

隐身在巷弄中的老夫妇也是如此，他们无视于功利的诱惑，不惧于时间的催迫，如何磨炼自己的技艺，达到最高境界，便是他们永不放弃的信念与追求。

| 诗人好望角 |

学诸进士作精卫衔石填海

唐·韩愈

鸟有偿冤者，终年抱寸诚。

口衔山石细，心望海波平。

渺渺功难见，区区命已轻。

人皆讥造次，我独赏专精。

岂计休无日，惟应尽此生。

何惭刺客传，不著报雠名。

这是韩愈在河南主持地方科举考试的时候，仿进士的应试诗而写，歌颂精卫鸟的精诚与意志力的一首诗。精卫鸟是《山海经》中记载的一种鸟，也是矢志不移，永远怀抱着决心，坚定报仇的小鸟。它的嘴里衔着山中的石木是如此细小，微不足道，却盼望着靠自己的力量把大海变成平地，使波涛不生。如此渺茫的希望是很难成功的，但精卫却把自己的性命看得无足轻重，只想努力达成。

人们都嘲笑它的作为荒唐而又不切实际，我却独独赞赏它的精诚与专一。精卫不计算自己的能力有多少，只是永无休止之日地贯彻下去，将此生的一切全部贡献出来，可以与司马迁《史记》中的那些刺客相媲美，毫不逊色，只是，精卫鸟没被史书记录流传下来而已。

唐代古文运动领袖韩愈（768～824），三岁丧父，由大哥与嫂嫂郑氏抚养长大，他的大哥又在他十五岁时亡故，韩愈领会到孤苦无依的处境，更加努力向学，博览群书。

他在二十五岁那年考上进士，只是仕宦之途并不顺遂，主要是他的性格耿直，为人方正，不随流俗，常常直言上谏，忤逆当朝。最严重的一次，是宪宗迎佛骨事件，韩愈见到社会大众劳民伤财争相膜拜，便上言皇帝以身作则，引得宪宗大怒，差点丢了性命，后来因为裴度帮他求情，才改判潮州刺史。

韩愈并没有屈服，他在文学事业上也秉持着相同的信念，力倡古文运动，与当时最风行的骈文相抗衡。别人嘲笑他，辱骂他，他一点不以为意；别人若称赞他，他反而忧虑，担心文中有迎合时俗的地方。就是这种与全世界抗衡的勇气和坚持，感动了许多后继者，纷纷走上古文运动的道路，终于形成了不可抵挡的巨大潮流，建立起苏轼所谓“文起八代之衰，道济天下之溺”的功业。

在他独自奋斗的那些岁月中，不也正像是衔石入海的精卫鸟吗？那身影如此渺小，却又如此巨大。

南北两半球昼夜均分，
又适当秋之半。

保持心灵的澄澈，便不会失去本性

千江有水千江月，
万里无云万里天。

农田、沟渠、水塘，这些都是再也不会看见的景象了，在我们的盆地中。

我还记得以前，很久以前，当我还是个小女孩的时候，去学跳舞，天黑了才回家。路灯很少，还得靠着父母亲手上的电筒，把前途照亮。路上的车子也很少，偶尔会有一辆脚踏车，从身边经过。

路的两旁都是田地，有稻田、甘蔗田和番薯田，还有沟渠和水塘。一边走着，一边抬起头，看着天上的月亮，不管走到哪里，它都悬在天空，仿佛是跟着我回家，感觉一点也不孤单。

每一方田亩的消失，都为我带来难以消遣的哀愁，因为我知道，田地消失了便永远不会再回来。那些沟渠与水塘自然也被填起来了，尽管我还记得它们的位置。

有一次，我带着念小学的侄儿和侄女，回到以前的旧家附近，指着一排店铺，充满感情地对孩子说："这里以前是个沟渠，两边种着美人蕉喔，夏天的时候，很多小朋友在里面捉泥鳅耶！"

两个孩子乖乖地听着，片刻之后，他们指着店铺中的7-ELEVEN问："我们可以买饮料来喝吗？"我们进入7-ELEVEN的时候，我忽然明白，孩子们对这样的历史并没有什么感觉，他们连泥鳅和美人蕉都没见过。

我很想念那种月亮陪着我回家的感觉。

有一次，我搭晚上的飞机回台湾，孤单的，只有自己一个人。那一趟旅途，我失去了很珍贵的一段感情，坐上飞机的时候，无穷无尽的感伤与低落，完全笼罩住我。我无法进食，连水都喝不下，只是安静地，绝望地流泪。

哭得累了，便昏沉沉睡去，也不知睡了多久，醒来的时候，才意识到自己原来坐在窗边，头抵着窗，俯看着黑夜的大地。

飞到台湾上空时，我忽然看见地面的亮光，一片闪过去了，又一片闪过去，像是在打着信号。那不是街灯或车灯，是一种更浑圆浩大的光亮，我直起身子来看，仔细观察，像是解谜似的。

终于，我了解是怎么一回事了，原来，是天上的明月投影在水塘中。那一段飞行经过的都是农地，一个又一个水塘，投射着一片又一片月光，就这样跟着我回家。

那一瞬间，我忘记了流泪，忘记了悲伤，甚至忘记了自己的失去，只是惊叹地看着，一路看着月亮，看它始终不放弃任何一个水塘。

“千江有水千江月，万里无云万里天”，就是这么一回事，我忽然获得了安慰，如果我们的心灵就是水塘，就是江河，只要能保持着心灵的澄澈，便能时时映照出明亮的月光。

我在感情的道路上，有过许多美好时光，不可思议的神奇瞬间，当然也曾挫折、心碎、万念俱灰，可是，我发现自己从没有失去过对于爱的信念。

常常有人问我对于爱情的看法，我的回答总是充满乐观与期待，这些答案发自肺腑，并不矫情，我相信，只要我们怀抱着诚挚的心情，等待、追求、付出，就可以寻得真爱。在这样的回答中，我也发现自己原来是个信仰如此单纯的人。

当我小的时候，只能仰视着天上的月亮，觉得真是遥不可及的。等我成年，飞到天空看月亮，它就悬在窗边，仿佛伸手就可以触及，这样接近。而我低下头，又看见它投影在水塘里的容颜，于是，这才知道，它可能拥有这么多不同的身影，像是永远存在的希望与温暖。

| 诗人好望角 |

《嘉泰普灯录》卷十八

宋·雷庵正受 编

千山同一月，万户尽皆春。

千江有水千江月，万里无云万里天。

千万座不同的山，都领受着同一个月亮的光华。千万户不同的人家，都在同样的春晖中温暖。走遍全天下，只要有江水就能映照天上的月光，晴空偶尔会被云影遮蔽，但，只要是白云消散了，依然可以见到万里无云的天空。

“千江有水千江月，万里无云万里天”，这是广为人知的佛家偈语。传说印度阿育王准备了斋宴，宴请天下僧道，众人皆已来过，唯独平炉尊者迟迟没有现身，直到日落黄昏之时才来。

阿育王问他：“为何你来得这样迟？”平炉回答：“因为我赴了天下人的筵席。”阿育王感到很诧异：“你一人怎么能够赴得天下所有的筵席？”平炉尊者于是便作了偈语：“千山同一月，万户尽皆春。千江有水千江月，万里无云万里天。”

这四句偈语，出自于《嘉泰普灯录》，为禅宗灯录之一，三十卷，别有目录三卷，南宋雷庵正受（1146～1208）编。他是平江府报国光孝寺僧，号虚中，属云门宗雪窦下第七世。

有鉴于向来传灯录内容都偏重于禅门师徒传法的记录，乃着手补充《景德传灯录》、《天圣广灯录》，及《建中靖国续灯录》等书之不足，由于内容广泛，普及王侯、士庶、女流、尼师等圣贤众庶，因此命名为《普灯录》。全书总共费时十七年才完成。

所谓“灯录”，着重于禅者们的参学过程，及语录公案的编采。禅者们不仅重视修证经验及生活的规范，也重视法派传承的追索及讨论，有传承的关系，也代表法统的延续，自宋朝的《景德传灯录》

之后，又有“续灯”、“联灯”、“普灯”、“五灯会元”等诸书，记述禅宗诸家的系谱。

“千江有水千江月”，这句诗被小说家萧丽红借用，成为一部长篇小说的书名，也引起一种生命境界的美丽怀想。

斯时露寒而冷，
且将欲凝结，
故名寒露。

自我实现固然可喜，能够成就他人更为可贵

安得广厦千万间，
大庇天下寒士俱欢颜。

虽然已经过了好一阵子，我和我的朋友仍沉浸在那种振奋的情绪中，我们不时谈论起这件事，也将那段影片从网络上下载，一遍遍地观赏。

这确实是近来放眼全世界，最令人心感到鼓舞的时刻。

美国脱口秀女王奥普拉，展开第十九季的新节目，定下了“美梦成真”的主题。之前就有各种八卦耳语，说她的第一集会有很爆破性的内容，甚至有传言，她将会在节目中宣布捐出自己全部的财产。

这一集果然吸引许多人观赏，奥普拉邀请了两百多位现场观众，她们都是女性。这些女性的子女或亲友曾写信给奥普拉，表示她们非常需要一辆车。

有个儿子告诉奥普拉，他的母亲开的那辆车，看起来像是经历了无数的战争，但是，他们没有能力换一辆新车。这台破旧不堪的车子，每天还是得载着这位母亲去讨生活，生活本身常常是窘迫粗糙的啊。

奥普拉从现场观众中挑出十一位上台，宣布她们可以得到一台新车。就在台上的幸运儿尖叫、欢呼，不能置信的时候，奥普拉又宣布每位到场的观众都能拿到一个纸盒，盒子里如果有一把车钥匙，就是第十二台车的得主。

一、二、三，大家一齐拆开纸盒，不可思议的尖叫声几乎掀开摄影棚，每一位观众都得到一把钥匙。那一天，奥普拉送出两百七十六辆新车，每台价值两万八千美元。

不仅是获得车子的幸运儿，所有观看着的人，都共同体会了美梦成真的兴奋与感动。

奥普拉没有捐出财产，轿车当然是由汽车公司提供的，但是，当世界上有权力的人不断摧毁他人的生活与梦想的时候，她却借由传媒的力量，令人美梦成真。

也许有人认为这一切只是宣传花招，没什么了不起，然而，这些年奥普拉确实利用高知名度帮助许多人过更好的生活，帮助失学的孩子筹募经费，还计划在南非盖学校，如果不是她持续累积的正面形象，汽车公司怎么会这样大手笔地赞助？

世界各地都有从事传媒工作的女性，她们有智慧，也有知名度，极有企图心，可是，她们成不了奥普拉。因为，她们期望的都是如何成就自己，奥普拉却能够让需要帮助的人实现梦想。人们若都能自

人们若都能自我实现，
这会是个充满朝气活力的社会；
人们若还能成全他人，
这必然是温暖有希望的人间。

我实现，这会是个充满朝气活力的社会；人们若还能成全他人，这必然是温暖有希望的人间。

我想到杜甫的时候，常常会想到他那首《茅屋为秋风所破歌》。历经安史之乱的剧变，穷困潦倒的杜工部四十九岁那年，因着亲朋好友的资助，在成都西郊浣花溪畔筑起一间草房，暂时得以安居，后人称为“杜甫草堂”，也变成怀想诗人的重要景点。

然而，一个秋夜，忽起强风，吹翻了他的屋顶，使得原本贫穷的一家人，连个干燥的安寝之处也没有。百般无奈的杜甫，忍着苦楚写下这首诗。最令人惊讶的是，他并不一味抱怨自己的悲惨境遇，反而因为这样的灾难，想起普天之下与他一样无处安身的人们只能在风雨饥寒中挣扎。

“安得广厦千万间，大庇天下寒士俱欢颜，风雨不动安如山”，明明身在苦难之中，却能够超脱自身，关怀着其他也在受苦的人，这便是杜甫的人道主义精神，也是一个知识分子最高贵的情操。

近年来，有房屋中介公司将杜甫这几句诗作为广告宣传文案，然而，抽离了杜甫的人生际遇与思想情感，仅剩下古典情味，却没有坚实动人、普遍的关怀力量。而当杜甫沿着溪畔，狼狈追逐着屋顶上的茅草，也绝不会想到，千年之后，会成为房屋广告代言人吧！

| 诗人好望角 |

茅屋为秋风所破歌

唐·杜甫

八月秋高风怒号，卷我屋上三重茅。

茅飞渡江洒江郊，高者挂罥长林梢，下者飘转沉塘坳。

南村群童欺我老无力，忍能对面为盗贼，公然抱茅入竹去。

唇焦口燥呼不得，归来倚杖自叹息。

俄顷风定云墨色，秋天漠漠向昏黑。

布衾多年冷似铁，娇儿恶卧踏里裂。

床头屋漏无干处，雨脚如麻未断绝。

自经丧乱少睡眠，长夜沾湿何由彻？

安得广厦千万间，大庇天下寒士俱欢颜，风雨不动安如山。

呜呼！何时眼前突兀见此屋，吾庐独破受冻死亦足！

八月深秋，狂风像是发怒般地吼叫着，声势惊人，卷走了我屋顶上覆盖的茅草。茅草被风掀飞，吹过浣花溪，散落在对岸郊野。高飞的茅草挂结在树梢上，飞不起来的便飘落到低洼的水塘里。南村的一群孩童欺负我年老没力气，竟然忍心当着我的面像盗贼似的抢了东西，就毫无顾忌地抱着茅草跑进竹林去了。我喊叫得唇焦口燥一点用处也没有，只好回来，拄着拐杖，无奈地叹息。

过了一会儿风停下来，天空里的乌云黑得像墨，深秋广漠的天色昏暗，渐渐要黑了。衾被盖了许多年，又冷又硬，像铁板似的。孩子睡相不好，翻滚着把被里蹬破了。

屋顶漏雨，连床头都没有一点干燥的地方。雨水这样多又密集，下个没完没了。自从战乱以来，历经离丧，已经很少能够安睡了，长夜漫漫，屋顶漏水床榻尽湿，要怎么熬到天亮?

如何才能得到千万间宽敞高大的房子，好好地庇覆着天下贫寒的读书人，让他们个个都开颜欢笑，不再被风雨所动摇，安稳得像山一样?唉！什么时候在眼前能出现这样高耸的房屋，就算我的茅屋被吹破，自己受冻而死，也是心甘情愿的啊!

杜甫（712～770）是唐代最有名的写实诗人，经历了唐玄宗、唐肃宗、唐代宗三个皇帝统治的时期，也是唐王朝由太平盛世转至衰落的大动荡时期。杜甫在这个动乱的大时代，几番蓬转，转出了伟大的现实主义诗歌，记录下当时社会生活的真实面貌，具有很高的史学价值，所以人们称杜诗为“诗史”，称杜甫为“诗圣”。

杜甫出身诗家，年少时便抱持着“致君尧舜上，再使风俗淳”的想法，希望能以个人之力辅佐像尧舜这样的明君，让百姓都能回归淳朴的生活，这是典型的儒家思想与理想。

然而，他个人的仕途始终坎坷不顺遂，不仅抱负无法施展，连不满一岁的幼儿也因为饥馑而夭折，这样的打击确实很难负荷。诗人从自身而辐射到天下百姓身上，明了了大家都在怎样的煎熬中过生活。

“朱门酒肉臭，路有冻死骨”，是对于贫富不均的社会提出抨击；“炙手可热势绝伦，慎莫近前丞相嗔”，是对于皇家贵族极度享乐的讽喻。这样的朝廷已如大厦将倾，终于引来了安禄山叛乱。

至于著名的《春望》诗：“国破山河在，城春草木深。感时花溅泪，恨别鸟惊心。”这一首，更是亲身的流亡经历，他愈深入民间，愈同情百姓的生活，愈理解大众的痛苦。

从来没有在官场得意过的杜甫，晚年困苦地居住在草堂中，仅只获得起码的安定而已，却显得心满意足。当他的屋子被秋风所破，他仍能在现实之外，勾勒出一个广阔的梦想，希冀能以一己之力，为普天下所有的有志之士，提供一个乐土。这个美梦太美好，让我们也忍不住想要一同入梦。

气肃，露凝结为霜而下降，故名霜降也。

年岁与阅历，使我们的生命更精致

物色旧时同，
情味中年别。

在我任教的学校旁边，有一条不大不小的溪流，从我二十几年前在这里念书，它就潺潺地流着。

溪里有许多鱼，每到春天和秋天，便会吸引一群群钓客前来，垂下竿子，静静等待游鱼上钩。他们凝定不动的身影，宛如溪边雕像，也有一种美丽。我曾为这条溪写过一篇散文，叫作《一条有鱼的溪流》。

然而，这几年的干旱，使得溪流的面貌转变了。它的河道变得窄狭，溪底的石子尽皆暴露出来，甚至溪床上长满青草了，青草渐渐形成草原，溪水变成了小沟渠。

那些鱼拥挤着，努力摆动身躯，稍一不慎，就会被挤到岸上，挤进草原里了。

有时候，我走过溪边，真是觉得沮丧，明明是一条丰沛的溪流，却只能悄悄地干涸了。就好像明明是一个充满活力朝气的人，却因为情感与理念受挫，变得怀忧丧志了，变得不再热爱生命了，变成另一个灰暗的人生了。

在我的网站上，有读者留言给我，说是她看见那个遭受情伤而从高楼跳下的女孩的故事，她自己也有着相同的故事，能不能也“自私”一次，做同样的选择？我无法立即回复，因为我也想到自己有过的那些绝望时光，想到自己也曾在高楼徘徊，也曾听见灵魂空荡荡的呐喊：我再也撑不下去了。

我们的生命也有干涸期，
如果不愿等待雨水将我们充满，
不能等待幸福再度降临，
我们将彻底失去机会……

原本，我是一条溪流，怎么竟荒废成一片草原呢?

经过前几年的干旱，今年的雨水特别多，从我的研究室望出去，越过篮球场，正好可以看见溪流。那一天，我从文稿与电脑前抬起头来，竟然看见已经好久没有见到过的溪水，溪中的水像听见春日呼唤那样地苏醒过来，汤汤奔流着。而现在其实是秋日，是水落石出的季节，已经被曝晒好久的石子，终于可以清凉地在水底休息。

我忽然像得着了一种启示，我们的生命也都有干涸期的吧，如果不愿等待雨水将我们充满，不能等待幸福再度降临，我们将彻底失去机会——成为一条有水的溪流。

其实，我以前并不曾注意过这条始终存在的溪流，我情愿走到很远的地方去看海。我以为只有海水的波涛与壮阔，才是值得赞叹的风景，浪涛激烈地拍打着岩壁，激起云烟与白沫，多么撼动人心。只有在这神奇伟大的景观之前，我们的生命才能被激励，才能有启示。

直到有一次，我走过溪边的道路，无意间望向潺潺流动的溪水，看见一闪一闪的亮光，定睛一瞧，原来是鱼翻身。许多大大小小的鱼儿，聚集在水流中，有时候，它们游过浅水区，水那么浅，几乎就要露出岸来了，看似一个阻碍，鱼儿的身子一翻，拍几下就过去了。而水面上的闪亮，正是它们翻身时，鳞片的光芒。

我看得有些痴了，受到一些撼动。常常，我们以为遇见一个瓶颈，冲不过去了，因而沮丧、挫折、消沉，其实，也许只要换个姿势，便豁然开朗，以前怎么都没想过呢？

“物色旧时同，情味中年别”，这是宋代刘克庄的词，谈的就是这样的一种心境。中年，是个非常重要的阶段，收敛起青年时期的狂情，对于世态人情有了更深的理解，前途却仍充满着挑战与未知。

对于中年人来说，刺激的震撼不再是一种追求了，有情味的生活才是真实的喜悦。重新学习着，去欣赏那些始终都在身边的寻常事物，并且发现亲切的启示。就像在春天的溪畔，我看着水流中的鱼翻身，浮起的神秘微笑。

| 诗人好望角 |

生查子

宋·刘克庄

繁灯夺霁华，戏鼓侵明发。

物色旧时同，情味中年别。

浅画镜中眉，深拜楼西月。

人散市声收，渐入愁时节。

这是一阕元宵夜的作品，在元月十五这一夜，四处都是美丽的灯，妆点得辉煌夺目，连天上月亮的光芒也被遮掩了。戏棚子里的戏剧正热闹地演着，虽然天色将要亮了，黎明将近，鼓声仍一阵阵响着，并不歇止。

这些过节的景物与气氛，和过去每一年都是一样的，其实并没有什么不同，然而，因为人到中年，心境不同了，一切景物看在眼中，便也有了不同的感受。

对着镜子画眉，却不再崇尚浓妆，只要淡淡地一扫娥眉便好。倒是在楼中对着月亮，诚心诚意地，深深敬拜，希望心中的愿望可以实现。游人渐渐散去，街市中的喧闹声也渐休止，当寂静来临的时候，也就是孤独愁绪袭上心头的时节了。

刘克庄（1187~1269）生于南宋凋零的时代，因为父亲在朝为官，便也得着一官半职，担任过县令。年轻时的他，精通韬略，武艺高强，很有报效国家的志向。然而，历经五朝君王，全无起色，南宋已如日薄西山，是无可挽回了。

刘克庄曾因为《落梅》一诗，得罪当朝权贵，有十年时间被闲置。在这样的困顿抑郁中，他并未因此消沉，反而创作了大量激昂爱国的诗词，共计五千多首诗，两百多阕词，便是他交出的成绩单。

刘克庄到了中年以后，渐渐走上了疏放的路子，也是对现世无可奈何的一种对抗吧。他曾在《一剪梅》中描写朋友为他送行，两人热烈讨论文章的场面，写来生动如画："酒酣耳热说文章，惊倒邻墙，推倒胡床。旁观拍手笑疏狂，疏又何妨，狂又何妨？"这种疏狂的情态，引得旁人围观，而他毫不在意，只是不假虚饰地表现出真实的自己，这不也是一种中年情味?

冬者终也，
立冬之时万物终成，
故名立冬。

若有才华，就不怕没有机会

莫愁前路无知己，
天下谁人不识君。

曾经有个朋友对我说：“你必然是个很宠学生的人。”我问他为什么这么说？他说这么多年从没听我说过学生的不好，说起来都是好，所以，他得到一个结论，如果我不是特别爱宠学生，我就是个虚伪的人。

我怔了片刻，想着他说的话，我猜想，我愿意给学生更多的肯定与鼓励，是因为我在成长的过程中，曾经那样渴望获得别人的认可，以确立自己的存在。所以，当我成年之后，当我站在一个老师的位置，我愿意选择以赞美代替苛责，虽然这两种表达方式都有激励作用。

从小我的父母亲是不会称赞我们的，因为我的外婆曾经这样对我的母亲说：“自己说好，不算真的好。要别人说你好，你才算是好。”他们这一代的人相信棒下出孝子，相信慈母多败儿，父母并不厉行棒棍教育，但，他们相信小孩不能夸。

偶尔有亲朋好友来我家，看见我们乖巧有礼貌，免不了夸赞两句：“你们家小孩真乖。”父母亲便以一种辟谣的紧张情绪来反驳：“唉，都是表面乖，其实啊……”其实很懒啊，其实很不专心啊，其实一点也不用功啊，这些缺点轮番上阵。听着听着，我们的气势也萎弱了，觉得自己确实不好。

直到国中时我遇见一个同学，我们俩永远挂车尾，像约好了似的，不是她倒数第一，就是我倒数第一，老师见到我们都摇头，说我们俩一样没救。

联考那天，我们俩进考场考试，两个母亲在场外聊天，母亲数落我的成绩与种种缺点，说得义愤填膺，同学的母亲却说她的女儿是天下无双的好孩子，种种世间少有的好处，连功课不好也是学校和老师的问题。

那一天，是我母亲的震撼教育，明明是半斤八两的两个孩子，评价怎会天差地别？如果连自己的母亲都说女儿不好，世界上还会有谁认为她好？

从此之后，母亲换一个角度看我，她发掘我的好处，当别人称赞我时，也能勉强接受：“这个女儿，还算可以啦。”这已经是很大的进步，而我确实愈来愈愿意表现得好一些。

不说自己好，是我外婆那个年代的想法，似乎有点过时。可是，等我长大，渐渐发现，外婆的话其实也有着老年人的智慧，尤其是听见许多人整天忙着夸耀自己，说得天花乱坠，等到真正一出手，又让人跌破眼镜。我甚至觉得不断夸耀着自己的人，也许都是因为不

真正有才华的人，
不必烦恼何时才能成名，
不必烦恼自己的才华不被世人了解，
如果是一颗夜明珠，便是身处暗室之中，
也会发出粲然夺目的光采。

够好，才这样急切局促，失去了从容与自信。

盛唐边塞诗人高适有这样两句诗：“莫愁前路无知己，天下谁人不识君。”说的就是这样一种情怀。他鼓励真正有才华的人，不必烦恼何时才能成名，不必烦恼自己的才华不被世人了解，如果是一颗夜明珠，便是身处暗室之中，也会发出粲然夺目的光采。

当我们小的时候，因为不了解自己，对于别人的看法和评价便非常在意，很怕自己不能受人喜欢，不能被人肯定。因此，我很愿意多给孩子一些鼓励，帮助他们发掘自我，肯定自我。

至于成年人就不同了，我在认识新朋友的时候，会留意他对于自己的看法，是否急切矜夸，数说自己的事迹与辉煌。每当看见有成年人滔滔不绝地表述着自己，我总觉得像是在听一个没有自信的小孩讲话。

我们必须争取每个可以充实自己的机会，因为我们要面临的挑战，是长长的一世人生，唯有准备好的人，在取得机会的钥匙时，才能开启那道成功之门。

别董大

唐·高适

千里黄云白日曛，北风吹雁雪纷纷。

莫愁前路无知己，天下谁人不识君。

一望千里如黄沙般的云彩，白日已转为夕阳昏黄，寒冷的朔风吹走了雁鸟，吹来了白雪纷纷。不用担心此去没有知己，你的旷世才能，将会让天下所有人都识得你的大名。

这首七言绝句的作者，是唐代著名的边塞诗人高适（704－765），他具有游侠风格，早年游历边塞，寻求施展抱负的机会，却始终落空。

他曾经担任过一代名将哥舒翰的幕僚，出入战场，对于边塞生活的艰苦，自然景观的雄伟，也深有体悟。他的个性耿直，不愿阿谀谄媚长官，也不愿压迫生民百姓，所以，仕宦之途并不顺遂。

但他在游历生活中，却与诗人李白、杜甫、王昌龄、王之涣等人结为好友。尤其是对于比他小九岁的杜甫，在诗方面的造诣，十分折服，将杜甫视为老师，常常讲究诗的结构与技巧。直到五十岁之后，高适才努力学诗，而他的诗作立即呈现出纯熟的风格，受到重视。

他也是到中年以后，官运才渐渐亨通，受到了朝廷重用。当他拥有了富贵荣华，并没有忘记旧日故人，杜甫在生活最潦倒贫困时，曾去信向他求助，他也确实帮助了朋友。

这首诗是要送给唐玄宗时代一位著名的琴客，叫作董大的，他是一位不在意名与利，却热衷于音律的音乐圣手。当时的高适也是坚持于理想，而不屈服于现实的，因此，这首送别诗，并不像一般的离别之作，弥漫着离情愁绪，反而满怀信心与向前的力量。

这是送给董大的诗，未尝不是对于高适自己的信心喊话。

斯时天已积阴，寒未深而雪未大，故名小雪也。

停下奔忙脚步的那一刻，才是人生的开始

行到水穷处，
坐看云起时。

我有个朋友，在工作场域中非常活跃，她二十岁进入商场，从最基本的业务助理做起，而后，在三十岁时拥有自己的公司，自己的品牌。

为了工作，她从不休假，四处飞行参展，很多时候，从异乡的床上醒来，不知道自己置身在哪一个国家。“工作是我的氧气。”这是她的口头禅。

而我确实曾经见识过，她原本晕车，病恹恹的，但是客户一出现，她马上神采奕奕，精力百倍。然而，这个商场上的女强人近来却被失

眠所苦，她愈来愈萎靡，神经紧绷易怒。

有一天，我们聊着聊着，她忽然哭起来，不可遏止地痛哭，然后她问我：“这就是我的生活吗？我要到什么时候才能停下来，喘一口气呢？”

我没有回答，不知道该说些什么。同时，我也在思考这个问题，要到什么时候，才可以停下来喘一口气呢？

过了几天，一个香港朋友来台北出差，我们约在东区夜的街头相见，我问起他的父亲是否安好。朋友的父亲是位相当有趣的老人家，他是个成功的生意人，年轻时四处奔波，养着好几个家，年纪大了之后，从商场退休，过着悠闲的生活。

第一次我看见他，是在马会，老先生脸色红润，喘吁吁刚游完五百公尺上岸，喝一杯鲜果汁，开朗热情，同我谈张爱玲和鲁迅。他的健谈与见多识广，都令人印象深刻。

在香港居住的那段时间，朋友常约了我和他的父亲一起出外觅食。面对好吃的海鲜与烧肉，老人家豪情大啖，全没有高血压或胆固醇的疑虑。我也曾随着他去赌马，结果当然是输了，可是，看他纵横马场中的样子，仿佛还有纵横商场的气势。

隔个一两年，我便会去香港拜访朋友和他的父亲，老人家照例要给我热情的拥抱。他曾有过的浅低潮，是换了满嘴假牙，还不太好用。隔了半年再见面，便已经虎虎生风，啃起螃蟹来。

这一次我问起朋友的父亲，他说父亲是很好，就是有点令人担心。原来，老人家近来迷上了随性旅行，早晨起床，看见天气不错；吃早餐的时候，忽然一只鸽子飞过；或是在路上遇见一对金发旅人；又或者是听见一个小孩唱着歌，总而言之，他的内心若是突然受到了感动，便是出游的好天气了。

他准备个简单行李，先乘船到深圳，再去机场问地勤人员，去哪里的飞机还有空位啊？人家说是西安，好吧，今天就去西安了。

上飞机之前，挂个电话给儿子，说我要去旅行了。几天没有讯息，然后又接到电话说我已经回来了。朋友说总是不知道父亲人在哪里，怎么不叫人担心？我却觉得他是多虑了，应该感到高兴。

老先生挑选的是没有语言障碍的地区，全程随性的行程，没有计划，只是到处问人，却也真能看见许多有趣的，吃到许多美味又价廉的。这些他都记录下来，再把旅游经验告诉孩子们。

这样的生活给我很大的启示，年轻时候我们努力工作，为的不就是年老时可以自由地行走？像老飞侠一样，张开披风游世界。

“行到水穷处，坐看云起时”，这是我一直记得的，王维的两句诗。我把这两句诗写下来寄给痛哭的朋友，也送给自己。

年轻时的我们，用工作来换取生活所需，有时候竟以为工作才是生命的重心，于是，将自己完全奉献给工作，竟没有停下来的一天，直到上帝按下生命的终止键。我不想过这样的生活，努力工作为的不是工作本身，为的是要让自己有悠闲的一天。

一个赶路的人是看不见周遭的风景的，只有停下来的那一刻，好山好水才能显现出完整的面貌，如同白云从崖底飘升而起。

|诗人好望角|

终南别业

唐·王维

中岁颇好道，晚家南山陲。

兴来每独往，胜事空自知。

行到水穷处，坐看云起时。

偶然值林叟，谈笑无还期。

中年之后，厌倦了仕途的艰险，反而对于佛家的思想与生活态度，感到很亲近。晚年更搬迁到了终南山下，在辋川别墅里安居为家了。常常在一时兴起的时刻，便自己一个人外出散步，沿途那些美好的风光，都只能自己一个人观赏与领略了。

没有目标，随意沿着流水行走，走着走着就到了水的尽头，既然已经无路可走，索性坐下来，非常悠闲地观看着白云从山岫飘升而出。偶然会遇见居住在山中的老人，便闲聊起来，聊得投机，竟连回家的时间也忘却了。

盛唐诗人王维（701～761）是个天才儿童，九岁便能作很好的诗。年轻时因人引荐到公主府邸演奏琵琶新曲《郁轮袍》，让公主留下深刻印象。他为人谦逊雅洁，不仅工于音律，也是中国浪漫画派的始祖，一幅《雪中芭蕉图》，超越现实却能表达美的境界。

三十岁时他的妻子去世，从此他终身未娶，结交许多道士与僧人的好友，也渐渐从儒家的思想中，走进了佛家恬静禅趣的生活。

向来很受皇帝与群臣敬重的王维，遇见了生命里一次最大的难堪，是在他五十七岁那年，安禄山叛乱。来不及随玄宗逃走的他，只好服药取痢，不肯效忠安禄山，然而，因为他的诗名，安禄山将他迁到洛阳，软禁在寺庙里，硬是给了他一个官职。他含着屈辱生活，此后更加强了想要从现实的煎熬遁逃到清静生活的愿望。

等到肃宗即皇位，安禄山乱平，王维几乎惹上杀身之祸，所幸他的弟弟王缙以自己的官职为他赎罪，才能逃过一劫。

备受瞩目的前半生，动乱惊险的后半生，这位才华横溢、风流蕴藉的艺术家都经历过了。到了晚年，他所追求的，也不过就是一种闲适的生活。完全不被时间所催迫的，随兴所至的，跟着流水行走，看着白云移动，这或许才是真正的人生。

大雪

斯时积阴为雪，
至此栗烈而大形于小雪，
故名大雪。

孤独，一种永恒的存在

念天地之悠悠，
独怆然而涕下。

这是一个媒体访问，摄影师拍完照已经离开了，年轻女记者似乎也已经结束工作，当我们正在收尾的时候，她忽然倾身，轻声地，有点怕冒犯到我似的问："像你这样的一个女人，在夜深人静的时候，难道不会觉得孤独吗？"

我诚实回答，当然会的。不仅是在夜深人静的时候，而且在与朋友欢聚的瞬间，在课堂上注视着学生的眼睛的片刻，当我在餐厅吃饭，在捷运上望着高高低低的屋顶，甚至在我接受访问的这段时间，都会有孤独的感觉。

女记者仿佛挖到了宝，在小笔记本上振笔疾书，一边追问："那，你都是怎么处理的？"我说我都不处理。女记者抬起诧异的眼睛，"啊？不处理？"我问她，你难道从不曾觉得自己是孤独的吗？她想了想："当然，有时候也会觉得自己是孤独的。"

她也觉得孤独，我也觉得孤独，每个人都会觉得孤独，那么，孤独就是一种常态。就好像饿了要吃，困了要睡眠，需要特别处理吗？

"前不见古人，后不见来者"，小时候读这首诗，觉得这真是一种可怕的孤独，一定是因为作者登山爬得太高，再没有人可以企及，于是，只得面对这样的孤独感，甚至隐隐然告诫自己，不必出类拔萃，也不必高人一等，只要做一个平凡人就好。

等到渐渐长大，才发现，不管你是一个什么样的人，不管你过着什么样的生活，都逃脱不了孤独感。因为我们的灵魂，都是孑然地存在，只能尽量与他人靠近，不可能完全契合，而我们的欲望，却是要与他人完美结合，水乳交融。

理想与现实势必会有落差，于是，孤独感萦绕不去。“念天地之悠悠，独怆然而涕下”，就成了我们共同的命运了。

《登幽州台歌》是唐代诗人陈子昂的作品，他生在富贵人家，从不需要为衣食发愁，年少时代呼朋引伴四处闯荡与闯祸，却也疏财仗义，很有几分侠气。直到十八岁那年经过书院，看见与自己同龄的人都在认真苦读，忽然被触动了，觉昨是而今非，他进了书院，闭门苦读，二十四岁便取得功名。

子昂初抵京师，拿着自己得意的诗作四处找人评赏，却没人理会他。有一回，他从街市走过，看见有人用百万高价兜售胡琴，围观的人很多，却没有人出价，子昂买下了胡琴，还广邀众人去他家中听他演奏。众人都很好奇，也想听听百万琴音究竟何等美妙。然而，子昂非但没有演奏，还当众摔碎了胡琴，在群情惊动之中，他

孤独，

是一种与生俱来的永恒存在，

我们在孤独中思考、创作、回忆、梦想……

将诗文分赠众人，于是，一夕之间，陈子昂名满京都。

他显然是个积极而有企图心的人，只是，在武则天当政时代，他的仕宦之途并没有一帆风顺，怅然失意的孤独感，便成为他心中最深刻的感怀了。然而，我常想，就算他相交满天下，就算他直上青云路，难道就不会感到孤独了吗?

我常看见青少年跷家，或是聚众滋事，总是以“因为我觉得很孤独”为借口，因为不愿意孤独，不想自己一个人，所以，哪怕走的是不对的道路，也只得一步步走去。

我常看见有些人生儿育女忙碌一辈子，为的是不愿老来孤独无依，可是，当他们老去，仍只得自己一个人孤独度日，仿佛过去种种都只是枉然。

这一切都是因为，我们并没有认清孤独的真相啊。孤独，是一种与生俱来的永恒存在，我们在孤独中思考、创作、回忆、梦想，孤独可以成全我们，让我们的生命更完整。

认识到这件事之后，我再不以为孤独是可悲的，我接纳了自己的孤独，与它和平相处，于是，它变成我灵魂的一部分，也变成我最忠诚的陪伴。

| **诗人好望角** |

登幽州台歌

唐·陈子昂

前不见古人，后不见来者。
念天地之悠悠，独怆然而涕下。

站在此刻的时间点上，那些已走入历史的，古代的贤达名士，是无法见到的。未来将会出现，成为知己的人，也还来不及遇见。天地如此辽阔，岁月这样悠长，想起宛如宿命一般的孤独感，忍不住掉下凄楚悲怆的眼泪。

唐朝诗人陈子昂（661～702），对盛唐时期的诗歌发展有重要影响，他的诗作带有哲思意味，取材也更为宽阔，从个人感怀延伸为宇宙万古常新的共通感受。

陈子昂是个具有见识与才能的文人，武则天当政时期，他常常直言上谏，提出许多批评，都未获采纳，甚至还被诬为逆党而下狱，内心的沉郁苦闷是可想而知的。

在他三十五岁那年，契丹来犯，攻陷营州，武则天委派武攸宜率军征讨，子昂则在幕府担任参谋，随军出征。他提供了许多策略，以为可以一展长才，然而，武攸宜这个皇亲国戚，对于征战之事根本一窍不通，却又不听建言，反而把满腔热情的子昂降职。

一再受挫的陈子昂，登上位于北京的幽州台，便写下了这首传唱千古的诗。天地之大，竟没有可以施展抱负的空间，芸芸众生，竟找不到可以理解自己的知音。孤独感，是他最深刻明确的拥有。

诗人品味着这样的孤独，玩赏着这样的孤独，虽然为之落泪流涕，然而，他应该已经了解到，这将会伴随着他的一生，这也是伴随着我们每个人一生的真实感受。

斯时阴气始至明，阳气之至，日行南至，北半球昼最短，夜最长也。

交出软弱病苦的自己，才是大自在

君乘车，我戴笠，
他日相逢下车揖。

在一场“经营亲密关系”的讲座活动中，我设计了几个题目，给在座的人自我检测。“如果你中了十亿，会把这个消息告诉几个人？”

我其实常常听见有人说：“如果中了十亿，我会消失。”消失到哪里去呢？消失的意思，是不是表示要到另一个地方展开新生活，并且断绝一切旧关系？那是不是就表示旧日生活中，竟无一个可爱之人，没有一件可恋之事？如果真是这样，人生不是太可悲了？这么可悲的人生，会因为得到十亿而变得截然不同吗？

假若绝大多数的我们，都没有中奖的好运气，是不是也就没有改善人生的可能了?

讲座会中有一两个人是不会把中奖的事告诉任何人的。这使我想到第一次乐透开出大奖时，得奖者是个男性，据说他也打算保守秘密，不让妻子和家人知道这个消息。

没有人可以分享的喜悦，是不是太寂寞了些?还好，大多数人会告诉三到十个人自己得到巨额奖金的事，而这些人主要是家庭成员，可见我们觉得最可信任的还是自己的家人。

“如果你得了绝症，会有哪些人在身边照顾你?”我又丢出了这样的问题，多数人都能找到三个人以上，是那种不避秽污，不离不弃直到最后一刻的。我也注意到，有人竟是连一个人也没有的。当生命终结的时刻，身边竟然没有一个人，是怎样的孤独啊，简直比绝症更可怕。

当然，还有一些题目，像是“当你失眠并且觉得很孤独的半夜，可以毫不顾忌地打电话的人，有几个呢？”“当你失恋或失业的时候，有几个可以分担忧伤的人？”

其实，这些问题只是想让大家思索在这个世界上有多少人可以与你同享富贵，又有多少人可以为你分担痛苦？

小学时候，我念过一首诗，一直都很喜欢：“君乘车，我戴笠，他日相逢下车揖。君担簦，我跨马，他日相逢为君下。”这是一首古代歌谣，不知道作者是何许人也，小时候背诵着也只是一知半解。在成长之中，却不断以遭遇和经历，更深刻地体会着歌谣中的涵义。

人生都有得意与失意的时刻，人生也都有软弱与坚强的际遇，当我们运势正好，比较能够亲切对待困顿的朋友，然而，当我们运势低

生命其实是一个病场，
没有人愿意孤孤单单身在其中，
不要让自己孤独地住进绝症病房。
能够把自己全然交托，
便没有恐惧，能放心地交出软弱病苦的自己，
才是大自在。

落，却不能坦然面对鸿运当头的朋友，因为自惭形秽的缘故。

我们只能让人见到最完美的形象，或是最坚强的一面，却不愿意显露软弱与病苦，担心别人会因此嫌弃或看轻自己。然而，真正可贵的情谊，是不会因为贫贱或富贵而改变的，也不会因为落魄或得意而消减，是可以安心地全然交托自己，接受对方的。

讲座结束后，一个年纪与我相仿的男人等着和我说话，他说这个检测做下来吓到了他自己："我发现如果中大奖，我愿意告诉好几个人，也愿意和他们分享。可是，接下来这些坏事发生的时候，我竟然找不到一个人分担……我是怎么了？"

这其实是表示他不信任自己，也就是不信任身边的人，他以为这些人只能接受他的给予，却不愿意为他付出。我告诉他，还来得及，把自己交出去，把自己的软弱困惑交出去给别人，学着让别人分担，让别人照顾。"你是一个好人，但是，不要做一个孤独的好人。"我对他说。

生命其实是一个病场，没有人愿意孤孤单单身在其中，不要让自己孤独地住进绝症病房。能够把自己全然交托，便没有恐惧，能放心地交出软弱病苦的自己，才是大自在。

| 诗人好望角 |

越歌谣

汉 · 佚名

君乘车，我戴笠，他日相逢下车揖。

君担簦，我跨马，他日相逢为君下。

当你飞黄腾达，乘着车子出门来，遇见贫贱的我，戴着一顶草帽，徒步而行，非但没有嫌弃，还特别下车来，与我行礼作揖。将来有一天，你失去了富贵荣华，担着一柄伞，在路上行走着，而我正当顺境，骑在骏马上，与你路上相逢，我必然也会为了你特别下马来寒暄问好的。

汉朝盛行乐府和民歌，汉武帝时代还成立了乐府官署，有近千名的采乐官，广泛收集民歌。可惜被收录的民歌大都没有好好保存，到了汉哀帝又不喜欢这种民间歌谣，下令罢乐府官。

但是，民间的喜怒哀乐，各种生活与情感面貌，仍是寄托在歌谣里表现，乐府歌谣根本是无法禁绝的。只是，因为歌谣在当时并没有受到应有的重视，许多创作者都没能留下姓名。

这首诗谈的正是人们普遍的梦想，那就是所谓的“贫富不易交”。我们认识了一个朋友，欣赏的应该是他的内在本质，而不是他的身份地位，应该也不是他能为我们带来多少好处，因为每个人的地位和处境，都是可能会改变的，只有内在的本质才是最真实的。

对一般人来说，处身顺境，很愿意与逆境的朋友来往，甚至也愿意帮助他们。可是，当我们自己处于逆境中，为了自尊与种种难以言说的幽微情绪，反而不能把自己交托给别人，总担心会成为别人的负担，总是不能放心，不能放心便成为我们最大的负累。

然而，这是一个互助的世界，人类的痛苦，因着互助而能度过，人类的文明，因着互助而能进步。学习着把病苦软弱的自己交托出去，才能真正的心安理得。

时天气渐寒，尚未大冷，故名小寒。

不能贯彻始终，便将前功尽弃

种田不熟不如荒，
养儿不肖不如无。

我们都知道年纪渐渐老了，便会反应迟缓，会视茫茫而齿牙动摇，会百病丛生，到最后会过世。但，我们并不知道，也有些人老了之后，会人间蒸发，像一团雾气似的，消失不见。

有段时间，我们常在新闻之后，看见一张张失智老人的照片，请求大众协寻，带他们“找到回家的路”。这些相片的背后，有着多少令人不忍的故事啊，我常常这么想。

如今，老人福利联盟失踪老人协寻中心更表示，有一些老年人，并不是失智，而是离家出走，再无消息了。这些人间蒸发的老人，是主动选择用自己的方式离开的，他们仿佛已经规划了许久，退场的时间与路径，只许成功不许失败，他们多半是成功的，一去不回。

他们很多时候，都是穿戴整齐，像是要去晨运或买菜或出门旅游那样的，看见邻居或熟人，还会闲话家常，完全是个寻常的日子，一点也不特别。

有些还会打电话回家里，告诉孩子，这里很不错，我决定多住个一天再回家。孩子追问，你身上的钱够吗？够的，你不用担心，不用担心我。然后，老年人再也没有出现，再也不需要别人担心，却成为家人一辈子的痛心了。

这些老年人离家时搭乘电梯，监视器还能看见他们的身影，电梯门开，蹒跚而坚定的步伐迈出去，一去不回。

台湾老年人的自杀率年年升高，早已超越欧美，跃升世界前几名，仅次于日本和韩国了，没有自杀的老年人，却选择了人间蒸发。我们的老人，真的这么不快乐吗？

老年人已经从激烈竞争的战场上除役，不必背负沉重的压力，原本应该可以颐养天年的，然而，他们的存在感也同时失去了。人不知道自己因何而活，找不到目标与希望，生命便成为苦刑。我们可以挑战忙碌与艰难，却很难对抗虚空。

这些年来，老人问题渐渐成为一个严重的社会问题了。当老人失踪或者被弃养，大家就会将矛头指向儿女，差不多都归咎于儿女不孝。

我听过一个被控诉不孝的儿子，满脸无奈地对人说："他说他是我爸爸，可是他没有养过我一天，我为什么要养他？"我们确实也看过许多父母，虽然为人父母，却并没有担负起父母的责任，甚至把教养小孩当成一种劫难。

他们没有真心地付出，也没有享受过程中的快乐，只是一年一年地熬着，等到孩子长大了，也就熬出头来了。这样的亲子关系是毁坏的，容易崩解，当然避免不了许多悲剧的发生。

美国有一对父母亲，养了十七岁的儿子和十二岁的女儿，这两个孩子从不帮忙做一点家事，连母亲开刀休养期间，也必须要到草坪上工作。痛苦不堪的母亲向儿子求援，儿子竟然理也不理，父母亲狠下心来，搬出房子，在院子里露营，不再为孩子做任何事了。他们不再煮饭、洗衣、做清洁，成为一对罢工的父母亲。

这个消息震惊全美国，许多父母亲都对罢工父母表示支持，认为该给孩子一点教训。我的疑问却是，这两个孩子为什么认为他们不需要帮忙家务？为什么可以坐享其成？罢工的父母亲是否已经错过了教养的最佳时机？

就像这两句诗："种田不熟不如荒，养儿不肖不如无。"不管是种田或是教养子女，都是需要付出心力的工作，持之以恒，不轻易放弃，才能等到收获的那一天。

一个农夫，虽然在田里工作，却没有适时地耘籽除草，照料田亩，那么，他的工作都是白费的。为人父母，虽然也生养小孩，却没有给他们正确的人生态度与价值观，那么，这样的孩子长大之后，只是为父母和社会带来负面的影响。养儿防老的观念已经过时了，那其实是更艰难的挑战。

| 诗人好望角 |

《张孝基陈留认舅》摘录

明·冯梦龙　编著

种田不熟不如荒，

养儿不肖不如无。

（《醒世恒言》卷十七）

种田若没有努力种好，无法收成，还不如让地荒芜。养了孩子却不成器，反生出许多烦恼，还不如没有孩子。

明代末年有一位杰出的通俗作家冯梦龙（1574~1646），他是戏曲家，也是小说家，一生在科举上不如意，便将全部的情感与精力，投注在通俗文学的整理与发扬上。

一般知识分子重视的都是圣人之学，为什么冯梦龙有这么独特的审美观？实在是因为，他发觉真正能蕴藏诚挚情感，而又能有着巨大教化作用的，正是一向被卫道人士冷落的小说与戏剧。

在他编著的作品中，最为人熟知的就是“三言”——《喻世明言》、《警世通言》、《醒世恒言》。总共收录了一百二十个故事，有些是前代的传奇或话本改写的，也有冯梦龙自己的全新创作，许多故事都是男女感情与婚姻的主题，也反映了世态人情的真实样貌，是一部古典白话短篇小说的宝库。

他沿用了古代说书人讲故事的习惯，在情节进行中，会安插一些诗句，以韵文的方式呈现，这两句诗就是出自于《醒世恒言》卷十七《张孝基陈留认舅》这一篇小说。

故事说的是有个叫过善的人，生了个儿子过迁，从小就没有上进之心，只喜欢与狐朋狗党鬼混，父亲送他去上学，他便瞒着父亲逃学。事迹败露之后，父亲为了纠正他的行为，为他娶了妻房，新娘貌美和顺，妆奁丰厚，刚开始也算情投意合。日子一久，过迁故态复萌，偷了妻子的嫁妆变卖，胡天胡地，又积欠了一屁股债，索性把烂摊子丢给父亲，一走了之。故事进行到此，便插入了“种田不熟不如荒，养儿不肖不如无”的诗句。

虽然无法明确得知这两句诗是哪位诗人的作品，然而，这确实有着对于现实世界的嘲讽，令人会心一笑。

时大寒栗烈已极，
故名大寒。

经历过痛苦的人，最应该拥有幸福

不是一番寒彻骨，
怎得梅花扑鼻香。

我认识过一个朋友，总是不快乐的，因为小时候她和母亲被父亲所遗弃。

说起来是一个很肥皂剧的剧情，那天是外公的七十岁生日，贺客盈门，大人都喝了一些酒，舅舅和爸爸口角了几句，被其他人拉开。童年的朋友听见爸爸唾了一口，喃喃地说“有一天要给你好看”之类的。她躲在妈妈的身后，一点也不敢靠近爸爸。

就是那天夜里，妈妈牵着她在小广场转啊转地找爸爸，以为他醉倒在哪里了。找来找去，怎么都找不到，妈妈的手冰冷汗湿，像一尾土虱握不牢。

她记得那个荒荒草草的夜，外公和舅舅陪着她们在小广场上等着，直到太阳升起来。大家都知道，爸爸已经离开，再也不会回来了。

可是，妈妈却很执著地要把她的辫子扎整齐，说是等下爸爸回来看见她的辫子像毛毛虫一样，会很生气。爸爸明明就不会回来了，把辫子扎得再整齐，有什么用？她忽然发起狂来，把辫子拆掉，坐在地上哭闹。直到这时候，妈妈才哭出声来。

这件事带给我的朋友一辈子的阴影，她总想着自己是个被遗弃的人，她总觉得自己也许有一天会步上母亲的后尘，她不敢追求真正想要的东西，她没有勇气面对失败与竞争，因为她输不起。

一年四季必然会有冰雪覆盖的季节，
我们在刺骨的严寒中，
忍不住要诅咒冬天，
可是，看似灭绝的肃杀冬意，
其实蕴含着无限生机，
透露早春的讯息。

我看着她有好几次几乎就要握住幸福了，却少了临门一脚，于是，幸福像土虱那样溜走了。

她甚至习惯性地以悲观的心态来面对生活。“反正最后都是会失去的。”“反正后来还是要分离的。”“反正人生下来就是往死亡走。”到后来，哪怕真的有好事降临，她也提心吊胆地想：“幸运的背后，会有什么不幸即将发生呢？”

有一次，我在广播中谈到，将来上天堂，你最想遇见什么人，并开放call-in。许多人打电话进来，希望能够见到自己的亲人或是好朋友，都是那么温馨的、感人的故事。他们说，真希望还能有机会向天堂的那个人说声谢谢，谢谢对方的付出与爱。

后来，一个年轻女人打电话来，她说她最想遇见的人，是自己的父亲。原本我以为这又是一个温馨的故事，结果并不是的。她说，父亲在她很小的时候，便遗弃了她和母亲。

我的心中一凛，不知道她会对父亲说些什么。她说她要告诉父亲，因为父亲离家出走，使她有段时间非常不快乐，活在阴影中，可是，当她慢慢长大，忽然觉得不该让阴影伴随着自己一生一世。

她觉得父亲既然已经为她带来了阴影，带来了痛苦，那么，她就该努力追求光明，追求快乐，才能从痛苦中挣脱。有了这样的想法之后，她发现自己果然变成一个乐观快乐的女孩。现在的她，已经成家了，和亲爱的丈夫与孩子在一起，过得很幸福。

她想，这辈子活着的时候，可能是见不到父亲了，也许得在天堂相遇，那么，相遇的那一天，她会告诉父亲："爸爸，我并不恨你，因为你给了我一个很大的困境，使我变得坚强。爸爸，我已经原谅你，因为你给了我阴影，我才懂得追求光明。所以，我要谢谢你。"

"不是一番寒彻骨，怎得梅花扑鼻香"，说的就是这种心境吧。如果不是真切地经历过痛苦，怎能明白快乐的可贵？最怕的是经过痛苦之后，竟然耽溺于痛苦，始终没有从其中走出来，潜意识里认为，自己只能痛苦，不该快乐。就像是赤足站在霜雪中，却一直没有走向盛开的梅花。

人生的阴影是永恒存在的，无法驱赶，而我们必须有智慧，转一个身，背对它，就能迎向光明。

| 诗人好望角 |

上堂开示颂

唐·黄檗禅师

尘劳迥脱事非常，紧把绳头做一场。

不是一番寒彻骨，怎得梅花扑鼻香。

想要摆脱尘世的种种劳碌与负担，可不是一件平常的事，要耗费相当大的精神的，只得紧紧地握住绳子，卯足全力来冲撞这么一回了。如果不是这样寒冷的气候，冻到骨子里去，又怎么能够激发出梅花的清艳与芬芳呢?

这首诗出自于唐朝裴休（791～846）的《宛陵录》，他曾做过宰相，自幼便遍游诸山名刹，拜谒名师学禅法要，因缘际会，拜入黄檗希运禅师门下。这位禅林中的著名高僧黄檗希运禅师（776～856），可说是禅宗史上承先启后的重要人物。

黄檗是福州人，幼年时在黄檗山出家，因为对这个地方的情感很深，开宗说法时便以黄檗名世，世称“黄檗禅师”。

禅师秉性端凝，学通内外，曾应裴休之邀住持在洪州（江西南昌）龙兴寺，来向他学禅的人数以千计，禅风大盛。后来裴休镇守宛陵（安徽宣城），建造了寺庙，迎请禅师说法，并且将他的语录编集成《宛陵录》行世。

黄檗机锋锐利，禅风活泼，像这两句诗“不是一番寒彻骨，怎得梅花扑鼻香”，使用的是随手拈来的比喻，谈论的是人生的重要转机。

一年四季必然会有冰雪覆盖的季节，我们在刺骨的严寒中，忍不住要诅咒冬天，可是，看似灭绝的肃杀冬意，其实蕴含着无限生机，透露早春的讯息。

当我们在寒冬中瑟缩，千万不可忘记，梅树上已经潜伏着花苞。